千 年 古 塔 的 历 史 回 响

钟倩 著

济南出版社

## 图书在版编目（CIP）数据

四门塔：千年古塔的历史回响 / 钟倩著. -- 济南：济南出版社，2024.2

ISBN 978-7-5488-6138-6

Ⅰ.①四… Ⅱ.①钟… Ⅲ.①古塔-介绍-历城区 Ⅳ.①K928.75

中国国家版本馆CIP数据核字(2024)第021597号

四门塔：千年古塔的历史回响
SIMENTA QIANNIAN GUTA DE LISHI HUIXIANG
钟 倩 著

| 出 版 人 | 谢金岭 |
|---|---|
| 责任编辑 | 陶 静　李洪云　刘锦怡 |
| 特约校对 | 韩紫慧 |
| 装帧设计 | 谭 正 |

| 出版发行 | 济南出版社 |
|---|---|
| 地　　址 | 山东省济南市二环南路1号（250002） |
| 总 编 室 | 0531-86131715 |
| 印　　刷 | 济南乾丰云印刷科技有限公司 |
| 版　　次 | 2024年2月第1版 |
| 印　　次 | 2024年3月第1次印刷 |
| 开　　本 | 148mm×210 mm　32开 |
| 印　　张 | 7.25 |
| 字　　数 | 115千 |
| 书　　号 | ISBN 978-7-5488-6138-6 |
| 定　　价 | 69.80元 |

如有印装质量问题，请与出版社出版部联系调换
电话：0531-86131736

**版权所有　盗版必究**

# 礼赞与参悟

赵德发

济南之南，有座古塔。此塔建于公元七世纪之初，一千四百年来有无数游人香客前去拜谒。二十一世纪之初，又有一位坐轮椅的青年女子，一次次出现在塔下，观赏，沉思，成为景区一景。

这位女子叫钟倩，家住济南市区。她曾在泉畔柳下奔跑，拥有和同龄女孩相似的花样年华，十六岁时却突然患病，只好休学，以轮椅代步。但她不向命运低头，忍受着病痛读书写作，终于成为作家、文学评论家。她的文章，有的署名钟倩，有的署名雪樱，已经结集出版多部。她一次次去南部山区，是为了完成一个心愿：领略四门塔之大美，领悟这片圣地给她的精神启示。于是，2023年年底，我便读到了即将由济南出版社出版的《四门塔：千年古塔的历史回响》一书。

钟倩说，她每次去四门塔，都是"一场美的朝圣"，"我无法拒绝这种神圣之美、高洁之美和永恒之美"。因此，我在这本书中看到，她深情礼赞、倾力描绘四门塔之美，她甚至断言，这座千年古塔，"坐实了在济南这座城市的美学江山和精神重心的地位"。她还以宗教史、考古学、建筑学等方面的深厚学养，详细讲述四门塔的来历，让这座古塔在浩渺的历史云烟中巍然显现，并指点着一处处局部、一个个细节，与我们一起感受其独特的魅力。她说："我甚至觉得，这里的一石一砖、一梁一椽、一泉一竹、一花一木，都蕴藉禅心佛香，凡是经过之人，都无形中蒙恩受福，远离杂念，成为美的布道者。"以四门塔为中心，她还介绍了周边的景点：神通寺、龙虎塔、摩崖造像、墓塔林、神井三桥两亭、碑刻以及柳埠名胜。真的是处处皆美，美不胜收。她被这些美深深感染，由衷发出感叹："美，就是信仰，就是宗教，或者说它比宗教还要有力量。"

审美的最高境界是深度融入，物我两忘。钟倩这样说："在长风吹过的千年时空里，我仿佛聆听到井壁洞口上哗哗的水声，僧人提灯月下过桥的脚步跫音，雨后竹叶翻身做梦的沙沙作响……无穷的时间里，包含着无穷的物，无穷的物里，又传递出古老的呼唤与喟叹。那是生命的证悟，那是灵魂的呢喃。""我痴痴地想着，倘若能够穿越回当年，我多么想当个健步如飞的小侍童，每天端茶倒水看流云，研墨诵经听钟声，享受安详的时光。"读到"健步如飞"四字，我眼前出现钟倩忘我放飞的生动画面，心中却感受到了她被轮椅所羁绊的难言痛楚。

对于那些来过四门塔的前人，钟倩引为同道，心心相印。

她写了多位与四门塔有缘的名人，前去考古或做修复的前辈，讲述他们的感人故事，讴歌他们的敬业精神。如梁思成、林徽因夫妇为了考察四门塔抵达济南，从火车站徒步走到四门塔，顶烈日，扛行囊，七八十里路走了整整一天。讲到这里，钟倩写道："梁思成、林徽因专程来过，今天我又拜谒，穿越时空，我们共享了同一片历史芬芳。"在这一片芬芳里，我们看到了因寻美、赏美而生成的精神之美。

四门塔，在佛教建筑史上有着非同寻常的重要地位，是中国现存唯一的隋代石塔，中国现存最早的全石结构佛教塔，中国保存最完整的单层方形庭阁式石塔。加上其他一些佛教遗存，这里承载着厚重的历史积淀，氤氲着摄人心魄的文化氛围。钟倩每次来此，既审美又悟道。"当我们进入四门塔风景区，沐风而览，拾级而上，或置身苍柏竹林之间，或走过蜿蜒小径，不过是沿着历代高僧住持的心路，穿过陌生又熟悉的人生之路，看到另一个自己。""当目光轻轻拂过塔身、佛像、石刻，我们已然穿越时空隧道，与那段岁月促膝对谈，触摸到历史深处僧侣们捻动佛珠的声响，还有心中默念的经文。"钟倩曾在四门塔的午后微风里与阿閦佛对视，阿閦佛闭目敛眉的慈爱面容，让她热泪盈眶。阿閦佛意为"不动如来"，她心领神会，感受到一种穿透心灵的精神力量。

烦恼即菩提，生死即涅槃。钟倩经历过肉身的苦痛，亲人离世的悲伤，也曾经迷惘过，绝望过。但是来到四门塔风景区，她仿佛进入一个千年道场，众多先哲都在向她说法，一草一木都在向她示意。极具慧根的她将心灵彻底打开,参禅体会、悟道心得油然而生,成为本书中最精彩、最珍贵的部分。

1973年,济南市有关部门在维修四门塔时,出土了石舍利函、铜舍利函、舍利等重要文物,其中舍利有水晶珠4颗、黄石珠7颗、绿松石珠9颗。我觉得,钟倩一次次去四门塔,也捡回了许多宝珠,她用情感与智慧熔冶,使之变成了文字。这本书里,俯拾皆是,很值得我们观赏。

2024年1月

(作者系山东省作家协会原副主席、著名作家)

自序

# 四门塔，我无法拒绝你的美

钟倩

每一次走进四门塔，都是一场美的朝圣，遥遥相望的龙虎塔、小龙虎塔，其精美的雕刻令人深深折服；庄严的四方佛像、千佛崖摩崖造像、墓塔林以及残留的碑刻，其圆润的面孔、细腻的线条、斑驳的墨迹着实引人驻足。

我无法拒绝这种神圣之美、高洁之美和永恒之美，正如我无法拒绝乡野间一朵野菊花的寂然绽放、山崖上一丛白百合的淡淡清香。

北魏地理学家郦道元在《水经注》中记载："济水又东北，右会玉水。水导源泰山朗公谷，旧名琨瑞溪。有沙门竺僧朗，少事佛图澄，硕学渊通，尤明气纬，隐于此谷，因谓之朗公谷。故车频《秦书》云：苻坚时，沙门竺僧朗，尝从隐士张巨和游，巨和常穴居，而朗居琨瑞山，大起殿舍，连楼累阁，虽素饰不同，并以静外致称。即此谷也。水亦谓之琨瑞水也。其水西北流径玉符山，又曰玉水。又西北径猎山东，又西北枕祝阿县故城东，野井亭西。"四门塔最古老的见证人当属那位叫朗公的和尚，他选择这块风水宝地建寺兴佛，受到朝廷的资助和供养，引得海内外人士前来交流文化。历经朝代更迭，几经劫难，神通寺毁佚，四门塔成为重要历史文物遗存。从某种意义上说，是历史这双无形的大手选择了四门塔，四门塔最终以它的独特和永恒、庄严和刚毅，坐实了在济南这座城市的美学江山和精神重心的地位。

　　走进四门塔，我沉醉于四方佛的慈祥面孔。四尊佛像，走过了千百年，辉煌了千百年，他们究竟从何而来，是怎样诞生的，他们又是通过哪些工匠日夜不息地凿刻和打磨而成的。那些破落的碎片，那些凹凸的残痕，就是历史的细节，好像我再往前走一步，就会踏入长长的时空隧道，与那段历史拱手相对。每一尊佛像都受到供养，不知不觉，那些供养者也成为雕像的一部分，余温犹在，令人敬畏。我痴痴地想着，倘若能够穿越回当年，我多么想当个健步如飞的小侍童，每天端茶倒水看流云，研墨诵经听钟声，享受安详的时光。

　　走进四门塔，我沉浸在龙虎塔和小龙虎塔的艺术世界，佛塔的深邃和神秘超乎想象。当我远望龙虎塔，当我仰望小龙虎塔，仿佛看到佛影神韵，飞天飘浮，令人逸兴遄飞，如梦如幻。正如著名作家叶文玲在《此生只为守敦煌：常书鸿传》中所说："在面对敦煌的492个洞窟、2000座彩塑、45000平方米壁画时，你没法不心灵震颤。在深入地了解了这位'守护神'的'九十春秋'后，你也没法不为他的一生所歌哭所涕泣。"

　　佛塔是艺术形式载体，也是佛教文化的象征，铺展细节对比，你会发现，龙虎塔、小龙虎塔自带四门塔的精神DNA，很多雕刻图像与四门塔一脉相承、遥相呼应。美国哈佛大学艺术史与建筑学教授汪悦进对龙虎塔浮雕净土变相分布情况展开研究，得出两种信仰的矛盾与冲突："龙虎塔的雕刻包含两个时空连续统一体，由此构成了沿两条轴线的运动：其一是从释迦牟尼灵山净土变到兜率天宫的弥勒净土变，另一种是从降魔变到阿弥陀佛净土变。如此说来，这一设计将兜率天宫和阿弥陀佛净土都看作令人神往的目的地。"（见汪悦进《魂系他方——龙虎塔浮雕变相刍议》）可见，两者并行不悖，但是内部也存在冲突，这与供养者的身份不同有关。供养者有贵族，有僧众，有平民，身份不同，自然存在文化差异和不同追求，所谓的差异不仅是价值观的不同，今天来看也是精神归属的不同。然而，佛塔背后还有哪些鲜为人知的故事呢？小龙虎塔最早是谁来命名的？两座佛塔的浮雕图像与四门塔又有哪些相似之处？这些，都是历史隔空抛掷给我们的问题，等待后人去揭开谜底。

走进四门塔，我迷恋于那些被人忽略的边边角角，那些犄角旮旯处的历史讯息。四门塔前大步流星走过的长袍僧人，墓塔林里屈腿半蹲静静凝视的游客，涌泉竹林之间嬉戏打闹的孩童，九顶松上安家筑巢的鸟儿，拾级而上放慢脚步的老年夫妇，九塔寺里山水相映的迷幻景色，还有寺院前后的泉流、飞瀑、草木、石狮、塔影、碑刻，我用眼睛一次次地抚摸，内心是说不出的欢喜和宁静。我甚至觉得，这里的一石一砖，一梁一椽，一花一木，都蕴藉禅心佛香，凡是经过之人，都无形中蒙恩受福，远离杂念，成为美的布道者。

在写这本书的过程中，我经常觉得不是我在执笔，而是四门塔本身就是长在我生命中的一部分，从前没有唤醒，一旦启动心底那个叫"乡愁"的按钮，它立马竖起耳朵，如家乡的泉子一般汩汩冒出，从腕底缓缓流淌到纸上，汇聚成一条闪着光芒的大河。作家祝勇在《故宫的古物之美3》中这样写道："故宫让我沉静——在这座宫殿里，我度过了生命中最沉实和安静的岁月，甚至听得见自己每分每秒的脉搏跳动；但另一方面，故宫又让我躁动，因为那些逝去的人与事，都凝结在这宫殿的每一个细节里，挑动我表达的欲望。"面对四门塔，我深有同感。或许，当亲爱的读者打开这本书的时候，我内心深处的躁动会有所平复——因为阅读本身既是生命的对话，也是心灵的交流。当越来越多的游客和读者走进四门塔，聆听千年古塔的历史回响，追寻朗公和尚的创业足迹，探索艺术世界的奇异景观，继而重新定义济南这座历史文化底蕴深厚的古城，有所感动、有所发现、有所改变时，我想，四门塔一定会大放光彩，文物保护工作也会更上一层楼。

四门塔，我无法拒绝你的美，正如我无法拒绝老街巷里一眼无名泉的洗濯，正如我无法拒绝大明湖畔一茎残荷的倩影。这种美有万种表达，但只有一种意义，那就是抵达永恒，与日月同辉，同天地共枕。

2023 年 6 月

# 目录

## 第一章 古塔松风

从『神通感梦』的报恩故事说起 \ 02

那些年，与朗公一起弘法的高僧们 \ 09

四门塔的『建筑奇迹』是怎样炼成的 \ 18

和着岁月阅读四方佛 \ 25

四门塔阿閦佛的『前世今生』 \ 35

出土文物里的『济南发现』 \ 40

## 第二章 宝藏遗韵

在龙虎塔,感受"飞天"的力量〉46

别有洞天的小龙虎塔〉56

抖落千年尘埃,倾听千佛崖摩崖遗响〉64

浮屠林立:墓塔林观塔〉76

戏说春秋:唐代台基"燕乐"犹在耳畔〉81

"神井三桥两亭":四门塔的历史回响〉91

碑刻里的流金岁月:另一种生命的对话〉102

耸立的骄傲:石塔里的"涌泉相报"〉113

## 第三章 竹林听涛

不到柳埠,怎知禅意如许＼122

九顶松,四门塔的守护者＼129

涌泉流过江北第一竹林＼138

## 第四章 名人游踪

1972年，迎接西哈努克亲王二三事 \ 152

梁、林夫妇与四门塔的不解之缘 \ 157

艺术大师黄永玉：涌泉书院是一首诗 \ 173

唯有一二考古家：路大荒的四门塔情缘 \ 183

责任与道义：九顶塔上的文人风骨 \ 191

仰望过四门塔星空的考古人 \ 198

后记 遇见四门塔，遇见生命里的高贵 \ 205

附录：四门塔维修保护大事记 \ 210

# 第一章 古塔松风

# 从"神通感梦"的报恩故事说起

四门塔位于山东省济南市历城区柳埠街道南山村朗公峪内,神通寺遗址东南方向。此塔始建于隋大业七年(611年),四面各辟一半圆形拱门,门内各有一尊佛像,宋代以来被称为"四门塔"。四门塔是中国现存最早的一座单层方形石塔,素有"华夏第一石塔"的美誉,也是国务院公布的第一批全国重点文物保护单位之一。

先有神通寺,后有四门塔。四门塔建于神通寺遗址之上,塔通高15.04米,塔身高6.6米,每边宽7.4米。檐部挑出叠涩五层,塔顶用23行石板层层迭筑,呈四角攒尖锥形。塔刹部由露盘、山华、蕉叶、项轮宝珠构成。整座石塔形体简洁朴素、浑厚大方,是单层塔的代表。

神通寺,又称"朗公寺",因朗公创建而得名。朗公是个"学霸"级的大德高僧。据《水经注》记载,朗公"少事佛图澄,硕学渊通,尤明气纬"。朗公,名竺僧朗,京兆(今陕西西安)

神通寺

人，是西域高僧佛图澄的弟子，曾受到过前秦苻坚、东晋孝武帝司马曜、后燕主慕容垂、南燕主慕容德、后秦主姚兴、北魏道武帝拓跋珪六国君主的礼遇，名重一时，是当时中国北方最有名的高僧之一。

关于朗公创建神通寺的缘由，南朝释慧皎的《高僧传》中是这样记载的："以伪秦皇始元年，移卜泰山，与隐士张忠为林下之契，每共游处。忠后为苻坚所征，行至华阴山而卒。朗公于金舆谷昆仑山中别立精舍，犹是泰山西北之一岩也。峰岫高险，水石宏壮。朗创筑房室，制穷山美，内外屋

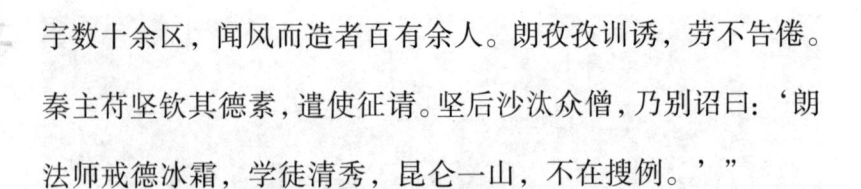

宇数十余区，闻风而造者百有余人。朗孜孜训诱，劳不告倦。秦主苻坚钦其德素，遣使征请。坚后沙汰众僧，乃别诏曰：'朗法师戒德冰霜，学徒清秀，昆仑一山，不在搜例。'"

朗公创建寺庙的过程颇具传奇色彩，留下了一些神秘传说。相传，金舆谷林木众多，常有虎狼出没。有一次，朗公弘法讲到精彩之处，周围的山动了起来，石头也跟着点头，老虎也趴在地上不起来了，平日里的马嘶人叫、猿叫狼嚎瞬间消失，只有他讲法的声音在山谷间回荡。有信士问朗公："这是怎么回事？"朗公回答道："是佛法的摄化，万物灵犀，不足为怪。"自朗公来此弘法后，虎狼销声匿迹。"朗公训虎"的故事便被刻在塔林的墓塔上。

也许与济南地下泉水丰沛有关，此处还有"朗公寻泉"的故事。传说建寺之初，此地缺水，朗公便在现在的讲经堂遗址处打坐，听到地下有汩汩的水流声，于是命弟子挖掘，不过数尺，果然见到泉水，弟子无不欢欣雀跃，此井遂取名为"神异井"。这口神异井至今仍在，据说夏冬不涸，旱涝有水。

朗公寺创建于公元 351 年，最初得到了统辖山东北部地区的南燕主慕容德的大力帮助，他将奉高（今长清）、山茌（今泰安）两县的赋税划拨给朗公，还封朗公为"东齐王"。当时寺院"上下诸院，十有余所，长廊延袤，千有余间"，可谓蔚为壮观，影响深远。济南很快就发展成为山东的佛教中心和中国北方佛教重镇。后来，朗公寺再度受到皇家的高度重视，并改名为"神通寺"，在这期间发生了一段让后人津津乐道的报恩故事。

隋文帝杨坚（541—604年）结束了中国自东汉以来几百年的分裂割据局面，建立了大一统的封建王朝。政治的统一促进了社会经济的发展，也为佛教的兴盛和繁荣奠定了坚实的基础。

佛教自东汉传入我国，经过三国两晋南北朝的传播发展，至隋朝时已经初具规模，与道教、儒教形成三教鼎立之势，隋唐时期达到了鼎盛。除了社会环境和文化因素外，隋朝佛教事业发达还与隋文帝的大力扶持密不可分。

隋文帝的父亲杨忠是南北朝时期北周的开国元勋，官封柱国，又晋爵隋国公，祖辈数代居齐州，后娶平民女子吕苦桃，生下一子，即杨坚。传说杨坚出生之时，紫气充庭，神尼智仙无因而至，对其母吕苦桃说："此儿所从来甚异，不可于俗间处之。"因杨忠经常四处征战无暇顾家，吕苦桃便把儿子托给智仙代为抚养。杨坚在佛教文化的熏陶下成长,深知佛教劝善化民,是巩固政权不可缺少的手段,故即位后每以神尼为言云"我兴由佛"。他曾说过:"律师度人为善,弟子禁人为恶,言虽有异,意则不殊。"尤其是当年他还是北周的重臣时,看到周武帝在刚刚统一的北方大肆推行灭佛的政治举措,导致民心惶惶,政局动荡不安。因此,杨坚称帝后,主张革故鼎新,决定恢复佛教。

隋开皇十三年(593年),杨坚和皇后共同施绢十二万匹,命王公以下舍钱百万,广造佛塔,广度僧尼,广交僧侣,广写佛经,广做佛事,可见隋文帝对佛教的高度重视。《中国宗教通史》记载,杨坚在位的20年间,共度僧尼23万人,立寺3792所,写经46藏13286卷,治故经3853部,造像106560躯。

隋文帝的兴佛之举,据说另有一番隐情。杨坚15岁承袭父爵,官拜散骑常侍、车骑大将军,仪同三司,封成纪公;16岁迁骠骑大将军,周武帝时袭隋国公,宣帝时征拜上柱国、大司马。他出人头地时,母亲吕苦桃已经去世。吕苦桃家甚寒微,父母早逝,每当看到他人族亲团聚,她便会触景生情,伤感垂泪。为报母亲的生育大恩,杨坚屡次求访其母族亲,均没有消息，他因此倍感愧疚。登基称帝后，他在梦中受到佛祖点化，认为母亲的故乡就在济南，遂命人到济南一带寻访。果然，在济南找到了离散多年的舅舅吕道贵和表弟吕永吉等亲戚。隋文帝坚信此缘源自佛教，于是在开皇三年（583年）将朗公寺改名为"神通寺"，以回应神灵梦感之缘，亦取自"佛有神通，法力无边"，以感佛佑之恩。开皇十五年（595年），他又诏命杨广之子为神通寺施主，加以布施，大力支持寺院发展。2001年12月，济南市考古研究所在对济南市区经八纬四路一处建筑工地进行抢救性考古发掘时，发现一方刻有"仪同三司济南郡守吕道贵墓铭"的墓志，吕道贵正是隋文帝当年寻找到的舅舅。

仁寿年间，隋文帝敕令法瓒送舍利给神通寺，支持神通寺的佛事发展。为保存舍利，神通寺于隋大业七年（611年）兴建四门塔。此时，隋文帝杨坚已经驾崩七年。这座石砌的四门塔从此栉风沐雨，在齐鲁大地上屹立了千年。

关于四门塔的修建时间，在后来的考古发掘中找到了证据。20世纪70年代，在维修四门塔塔顶的时候，工作人员在一块石拱板上发现了"大业七年造"的刻字，最终确定四门塔的建造时间为隋大业七年（611年）。同时，在塔心柱正中、距地面 1.6 米处出土了石舍利函、铜舍利函、舍利等重要文物。其中，舍利有水晶珠 4 颗、黄石珠 7 颗、绿松石珠 9 颗。此外，还出土了秦半两钱 1 枚，微带绿色的胆形高颈瓶 1 个（已经破碎），瓶子颈间套有骨环、银环、铜环。

神通寺多次修建，几度兴衰，其命运随时局动荡而变化。清乾隆年间，当时的寺院住持兴寿和尚无视清规戒律，"放荡淫逸，无所不至"，大肆挥霍寺里的财产，当卖土地近三百亩，倒卖树木更是数不胜数，动摇了寺院的基础，神通寺愈加败落。及至清末，战火频繁，殿堂遭受灭顶之灾，神通寺彻底败落，只剩下四门塔、龙虎塔、九顶塔、墓塔林、摩崖造像等佛教遗址。正如清代诗人董芸所云："朗公精舍古神通，劫火烧残五代空。唯有四门孤塔下，长松九顶尚青葱。"

或许，这是冥冥之中的天意，神通寺在风云变幻中难逃被毁灭的命运，四门塔却留存下来，成为国宝级文物，见证了济南这座城市的变迁与发展。

# 那些年，与朗公一起弘法的高僧们

四门塔最好的见证者，当属那些年当过神通寺住持的僧人。他们在这香火弥漫的土地上绕塔修行，结缘，又离开，他们本身也成为寺庙的一部分。

历史上，佛教的弘法之路不外乎两条：一条是"佛祖西来"，即西域的僧人将佛法传到中原；另一条则是"西天取经"，即中原的僧人远赴西域求法。由西向东弘法的僧人中，颇有名气的当属鸠摩罗什、达摩祖师、佛图澄，其中佛图澄的弟子竺僧朗与济南有着不解之缘。

公元351年，朗公和尚受泰山道士张忠邀请来到济南，创建寺庙，两人一起弘法，成为莫逆之交。《高僧传》记载，前秦皇始元年（351年）僧人朗公进入泰山，在西北金舆谷昆仑山中修建了朗公寺。

隋朝时期，隋文帝赐名朗公寺为"神通寺"，后来在神通寺附近修建四门塔；唐朝又建了千佛崖、龙虎塔；元明清时期，不断完善设施，多了碑刻、塔林、竹林等，初步形成了今天四门塔风景区的规模。

朗公寺"大起殿宇，连楼累阁"，一时间众僧云集，盛名天下。当时各国君主与朗公交往频繁，还纷纷赠送礼物，如秦主苻坚致书聘问，同时赠送紫金、绢绫、奴子等；东晋孝武帝司马曜致书遣使，赠送五色珠像、明光锦、象牙簟、金钵等；后燕慕容垂致书并赠送绢、袈裟、锦；后秦姚兴致书，赠送经卷、宝室；北魏道武帝拓跋珪遣致书，以绢、素、银钵等为礼；南燕主慕容德下诏，赠送绢百匹，并封朗公为东齐王。朗公与六国君主的密切互动，除了朗公自身的人格魅力使然，更多的是出于维护统治的考虑，为寺庙建设提供支持。

佛教传入山东，为什么选在泰山一带开山创基呢？

首先这里距离中原较近，是佛教东传的必经之路，交通网络发达。《晋书》中记载，南燕尚书潘聪曰："青、齐沃壤，号曰'东秦'，土方二千，户余十万，四塞之固，负海之饶，可谓用武之国也。"这一时期青齐地区王朝不断更替，各族帝王权贵在政治上利用佛教维护统治，因此朗公受到较高的礼遇，从而带动佛教文化繁荣发展。北朝时期，朗公寺一度成为齐州的佛教中心,直到隋唐时期,还依然保持着"中心区"的重要地位。

其次,泰山在中国传统文化中有着特殊地位。自古以来人们认为泰山是沟通上天之处,作为外来信仰,佛教与当地文化彼此融合,有利于在当地广泛传播。

长清境内有座朗公山,山上有块状似人形作揖念经的石头,被称作"朗公石"。相传,有一次,朗公和尚来此讲经弘法,数千人聚集在一起聆听,不知不觉中大家都听得入了神,连山上的石头也听得津津有味,不由得频频点头。朗公说道:"这是山石显灵,被我点化了。"后来,朗公讲学的地方被称作"灵岩",灵岩西南方向一座不高的山被称作"朗公山",而那块形似双手合十的石头,便被称为"朗公石"。

说到灵岩,不得不提另一位高僧——义净法师。他与东晋的法显和尚、唐朝的玄奘和尚并称为"三大求法高僧",与后秦的鸠摩罗什、梁朝的真谛、唐朝的玄奘并称为"四大译经家",其著作《大唐西域求法高僧传》《南海寄归内法传》被译为法、日、英等多国文字,是研究印度和东南亚佛教思想传播史的珍贵著作。

如果说朗公参与和见证了佛教在济南的发展,那么义净则见证了佛教在济南的兴盛。长清张夏镇的义净寺药师殿上有一副对联:"药王妙手回春救黎民,菩萨慈恩浩荡度众生",这无疑是对义净大师弘扬佛法、精于医学的真实写照。关于朗公创建的神通寺,义净评价甚高,他在《南海寄归内法传》中写道:"朗禅师乃现生二秦之时,扬声五众之表,分身受供,身流供者之门;随事导机,事惬机情之愿。但为化超物外,故以'神通'而命寺焉。神德难思,广如别传所载。当是时也,君王稽首,僚庶虔心。初欲造寺,创入则见虎叫北川,将出复闻马鸣南谷。天井汲水而不减,天仓去米而随平。虽神迹久湮,而余风未殄。"言辞切切,充满对朗公的由衷赞叹以及对神通寺的认可。

与朗公一起弘法的高僧名师很多,有佛图澄,还有道安、法汰、法和,以及后来成为朗公寺住持的僧意、法安、法瓒、道兴、德云等,他们组建成北方最大的僧人"天团"。最初,朗公与张忠共游往来,这说明即使宗教背景不同、修道方式不同,也不妨碍两人交好,体现了文化的深度融合。佛图澄是中国佛教史上首位得到皇权支持、利用国家力量发展佛教的僧人,据《高僧传·佛图澄传》记载,其"妙解深经,傍通世论。讲说之日,止标宗致,使始末文言,昭然可了"。

摩崖造像

朗公继承了佛图澄衣钵。

北魏太武帝在位时，发动了首次大规模的"灭佛运动"，对朗公寺来说，虽然不能称毫发未伤，但也没有大的妨碍。《续高僧传》记载，当时僧意"聚徒教授，迄于暮齿精诚不倦"，"寺有高丽像、相国像、胡国像、女国像、吴国像、昆仑像、岱京像，如此七像，并是金铜，俱陈寺堂"，不难看出，朗公寺的外交活动非常活跃，与西域、朝鲜半岛等都有密切交往。

到了北周时期，武帝发起第二次"灭佛运动"，下令悉毁原北齐境内佛寺经像，将八州四万所寺院充作贵族宅第，令三百万僧尼还俗。比较庆幸的是,这次"灭佛运动"时间极为短暂,武帝去世即终止。随后又开启了新一轮的刻经造像,所以对朗公寺的影响较小。

"人事有代谢,往来成古今。"隋唐时期,佛教由衰转盛,迎来大的转折。隋文帝杨坚为报母恩大兴佛事,尤其对泰山地区非常重视。开皇十四年(594年)隋文帝东巡泰山时,敕杨广的长子杨昭为神通寺檀越。神通寺迎来大发展时期,我们可以从《泰山道里记》的记载中想象神通寺的恢宏景象,"其制门阁两重,北为大雄殿,东曰伽蓝殿,西曰达摩殿,北为千佛殿","北为方丈,东为禅堂,又北为法堂,两翼斋廊。寺西,地敞豁,旧有藏经堂、转轮藏、钟鼓楼","又东一台,有四门塔,极崇丽,皆石为之。塔前古柏一株,传云汉植"。只不过随着时间的流逝,这些建筑都已毁佚,只留下了四门塔。

到了唐代,山东地区经济发展欣欣向荣,杜甫诗赞道:"齐纨鲁缟车班班,男耕女桑不相失。"佛教发展迎来大好时期,寺院无处不有。虽然此时神通寺失去了开山创基的重要地位,但是千佛崖摩崖造像极为兴盛。当时神通寺与皇室来往密切,摩崖造像主要包括太宗之子赵王福、太宗女儿南平公主、女婿齐州刺史刘玄意等。晚唐时期，神通寺遭遇过一次剧烈运动，元气大伤，从此彻底告别辉煌时代。

值得一提的是，当年有两位僧人在神通寺西山开窟造像，一个叫明德，另一个叫沙栋。造像主要位于千佛崖南部，其中，标有武德年号的造像高130厘米，标有贞观年号的造像高150厘米，而围绕在周边的造像高度大都在30厘米。明德在贞观十八年（644年）造像后，于显庆三年（658年）再次造像。这两位僧人的造像举动属于民间行为或个人行为，但是在当时的社会背景下堪称创举，足以证明他们卓越的创造力。

千年神通寺，遗韵四门塔。这些历代高僧住持，来自不同地方，拥有不同经历，但他们做了同样的事——布施，弘法，传道，兴建寺庙。今天，当我们进入四门塔风景区，沐风而览，拾级而上，或置身苍柏竹林之间，或走过蜿蜒小径，不过是沿着历代高僧住持的苍茫心路，穿过陌生又熟悉的人生之路，看到另一个自己。

平心而论，这些高僧担任住持也是经过层层选拔、优中选优才脱颖而出的；抑或是说以血肉之痛作"盐"，真正痛彻心扉、深刻体悟后，才能修炼成佛，精通大道。正如著名作家迟子建在小说《候鸟的勇敢》中引用的慧雪大师的精妙之语，"悲苦是蜜，全凭心酿"。

这让我不禁想到沈从文。他来过济南两次，第一次是在1931年，徐志摩乘坐飞机在济南遇难，他从青岛来济送别。第二次是在1956年，他以文物工作者的身份，到山东博物馆参观调研。他看了三大名胜，逛了古城街巷。停留济南的六天时间里，他给妻子张兆和写了九封信。他在第一封信中写道："济南给从北京来人印象极深的是清净。街道又干净，又清静。"如果他能抽时间去一趟四门塔，说不定会影响到他后来的文物研究工作。他曾说过："我要建一座希腊小庙，里面供奉的是人性。"正如叶舟在长篇小说《敦煌本纪》中的内心独白："天下所有的经书，其实是同一本书，名字就叫爱。爱需要去慢慢养着，爱等待着人们的皈依，天下之大，同此一理。"

晨读《金刚经》，有一段话这样写道："我念过去无量阿僧祇劫，于燃灯佛前，得值八百四千万亿那由他诸佛，悉皆供养承事无空过者。"供养是为了传递爱，爱需要慢慢培养，这才是人世间的正信，亦是我们共同追求的正道。通过神通寺历代高僧住持的经历，我领悟到"供养承事"就是此时此刻，我应以笔为烛潜心修行，赓续文化薪火。

秋风呼啸，把大片大片寒意逼进体内。我捡起几片泛黄的树叶。它们瞬间幻化为斑斓的蝴蝶，飞向历史的天空，冥冥中装点了百年前的寺院，打碎了谁的梦境，又照亮了谁的心灵。

第一章　古塔松风

## 四门塔的"建筑奇迹"是怎样炼成的

过去,四门塔是供奉舍利的神圣宫殿;现在,四门塔是城市文化建筑地标,也是现代人争相参观的"露天博物馆"。

梁思成在其著作《中国建筑史》中写道:"中国塔的发展是随佛教而来,即在佛教发展下建立寺院,随之而建佛塔。从时间看大致是从东汉末年开始。"中国佛塔的建筑史,就是佛教文化在国内的传播和发展史。从最初模仿印度及犍陀罗艺术的回廊塔寺建筑到佛教极盛时期中国的宫室形制,再到元明清时期藏传佛教受到中国礼制制度影响,其总体布局充分体现佛教艺术与民族传统文化的有机融合,材质结构和装饰艺术也不断发展。四门塔挹取了印度文化的精华,又吸收了汉文化的优秀传统,融合形成了中华文化的一部分。

中国佛教建筑借鉴了印度"窣堵波"的创意。台湾学者陈清香研究发现,就佛塔的原始造型而言,印度最初的窣堵波呈覆钵形,且是实心,为安置舍利所造,基本上是由塔基、覆钵体、塔刹三部分组成。大约在五世纪，印度佛塔演变成塔上刻佛像的造型，但在中国境内，西起河西，中经京洛，东至齐鲁的黄河流域，造塔的风气一直是兴盛不衰的，修建的多层塔或高层塔融合了中国汉代的望楼等高层建筑的特点。而山东济南神通寺的四门塔不同，它只有一层，虽是四方形，却保留了较多的原始塔的特征。由此可见，四门塔的文化血脉里虽然有印度窣堵波的创意理念，但是它的整体布局和佛塔架构却是独树一帜的。

纵观我国历史上的"佛塔之最"，所建佛塔类型最多的当属阿育王塔和喇嘛塔。寺院里造塔最多的当属内蒙古自治区乌审旗的乌审召。

据不完全统计，全国有240多座舍利塔，《广宏明记》中记载的有113座。这113座舍利塔，也未能全部保存下来。由此可见，四门塔是个建筑"奇迹"，也是中国佛塔史上的"珍宝"。

中华人民共和国成立后，国家非常重视文物的保护工作。1963年山东省成立了四门塔文物保管所，安排专人负责文物保护、维修和研究，并多次开展文物维修和保护工作。1999年，济南市历城区政府投资兴建了神通寺遗址博物馆，为占

四门塔

地 4000 平方米的仿唐建筑群。2006 年 6 月,四门塔风景区管委会成立,又对景区进行了较大规模的保护性开发建设。

四门塔沉默不语,它就在那里。当目光轻轻拂过塔身、佛像、石刻，我们已然穿越时空隧道，与那段岁月促膝对谈，触摸到历史深处僧侣们捻动佛珠的声响，还有心中默念的经文。

四门塔在中国佛塔史上有着重要的地位，它顶着三个"国"字号光环，即中国现存唯一的隋代石塔、中国现存最早的全石结构佛教塔、中国保存最完整的单层方形庭阁式石塔。《中国佛塔史》中写道："山东历城四门塔平面呈方形，单层佛塔，这座塔建在1米高的台基上，台基用石材建立，上下两层非常宽大舒展，这是近几年维修此塔时当地修建的。塔身方形，高度比每面宽度略高，塔檐做叠涩出檐，塔顶做四坡水，转角略有曲线。塔刹做一个基座，基座上部做出一个方盘，转角雕刻出山花蕉叶，再上部做圆形相轮及石塔刹。塔的内部建塔屋，屋中间供佛像，四壁直砌壁面，塔内顶部有橡板。"

四门塔的主要建筑特征不外乎两点：方形平面，单层石塔。方形，显示其稳固性；石塔，体现全部石头结构。四门塔墙厚0.8米，塔心正中有每边宽2.2米的石砌心柱，顶部与外墙之间由16根三角石梁构成塔室四周回廊。从远处看，整座塔顶重量全部由心柱承托，并且连接塔墙，塔的整体稳固性良好，外部不易被损坏。这种造型或结构，在隋代以后的文献记载中较为少见，在山东境内能够找到的第二例四方佛遗址，就是神宝寺遗址。

当年，法定禅师来到山东后，在方山之阳建灵岩寺，后来弟子为纪念他而兴建一亭阁式塔。此塔平面四方形，四方开拱门，顶部以叠涩出檐又内缩，上再加方形露盘，置塔刹，从外观来看，与四门塔极为相似，被称作"北魏祖师塔"。

当然，这并不是说四门塔四方佛仅此一例，甘肃出土的北凉石塔，塔基平面呈圆形，而后传入秦地，慢慢接受汉化，逐渐转为四方形，每方再刻一佛，于是便出现了四面佛。单层塔中，石造背屏式的造像遗例比较多见，日本学者松原三郎研究发现，佛像光背正中最上端的图案是随着造像光背设计的流行而变化的。四门塔在外形上与佛背屏中的单层佛塔图像最大的不同在于四门塔塔身上端多了方锥体23层叠涩，这是单层佛塔图像中史无前例的，也是令人惊叹不已的。

无论是第一次参观四门塔的外地游客，还是来过多次的本地市民，都会对四门塔的庄重、稳健产生深刻的印象。这得益于四门塔的方形设计，平面、心柱平面为正方形，外观每面墙体也为正方形，方正建筑既牢固稳定，又给人以大方和沉重之感。四门塔每面墙体均为素面，呈现出大面积的白，墙体之上出现了5层叠檐，再往上是23层叠收石，收向刹部，两收边给人以层层台阶向上延伸的感觉，整齐、对称，而细密平行线同墙体的素白相得益彰，在视觉上让人感觉既统一又有对比，同时还很好地突出了"门"的存在，强化了作为主体的"四门塔"。从建筑美学角度分析，这种平衡建筑结构可以作为修禅、禅定的精神基础，向内自修可以得定，对外则寓意佛法可以传播四方，不分前后。

从塔门而入，可见塔心室。塔心室地面高出塔外地面约0.1米，围绕塔心柱底部筑一方形平台，高约0.78米，长约4.03米，在塔身墙壁与塔心柱、平台之间形成一个宽敞的回廊，进入塔中可以环绕而行。塔心柱上部与塔身内壁顶部各挑出两层，上承16根三角形石梁。石梁上铺有石板，形成"人"字形的坡顶，支撑上部的塔顶。塔心柱四周平台各置圆雕石佛像一躯，螺髻，面相端庄，结跏趺坐，衣纹简洁。其中，北面一躯佛像下面保留原来的须弥座，其他三躯的须弥座早年佚失，现在所见为后来大修时所配。

四门塔还有两则题记，均已遗失。一则为东魏武定二年（544年），杨显叔造像记，清末原石被盗走，现存于塔心柱南面佛像须弥座束腰正面的题记为1972年根据拓片临摹雕刻的，内容如下："大魏武定二年，三月乙卯朔戊辰日，冠军将军司空府西阁祭酒、齐州骠大府长流参军杨显叔,敬造石像四躯。"另一则题记为尼无畏造像,迄今下落不明,亦没有拓本,只在《济南金石志》第二卷中有记载:"维大唐景龙三年,岁次乙酉,七月戊午朔四日甲寅,比丘尼无畏、沙门尼妙法,奉为己过,比丘僧思之,敬造弥陀佛一铺:观世音、大势至、二圣僧。上为国王帝王师僧父母,下及全家眷属、法界苍生,咸通斯福。"

除却独一无二的建筑结构,四门塔的建筑材料也极为考究,所用的每一块石头都是历城当地的大青石,坚硬牢固,不易风化。相比之下,隋代建造的很多舍利塔难逃厄运。由于塔的规模较小,建塔材料全部为木质,难敌风霜雨雪侵蚀,因而出现腐烂,继而发生坍塌,再加上当时社会战乱不断等,毁坏是自然的事情。

仰望四门塔的塔身,我情不自禁地想到,文物就是活着的历史,四门塔也是有生命和灵魂的,它坚固如昨,庄严神圣,无时无刻不在向后人讲述着它历经风云、千年不倒的历史故事。

# 和着岁月阅读四方佛

有人把文物比作漂流瓶,一个个抛瓶传信者,在某个岸边眺望未来的捡瓶收信人。于时间的旷野里,抛瓶者和捡瓶者其实都是同一人。

就像四门塔内的四尊佛像,它们不会说话,以静默示人。但是,我们的每一次观照,都是在守护共同的心愿。

很多艺术爱好者是冲着单层石造的四尊佛像来的。参观的时候,我听到有人问道:"四方佛出自哪里呢?"我也满脸疑惑,问过好多人,都说不清楚,后来通过阅读台湾学者陈清香的著述才有所了解。据东晋佛陀跋陀罗翻译的《观佛三昧海经》记载,在一次法会中,有一位财首菩萨将曼陀罗花等散落在诸佛身上,结果散在文殊菩萨身上的曼陀罗花起了变化,出现了四柱宝台,台内有四佛,经文曰:"时会大众见十方佛。及诸菩萨国土大小。如于明镜见众色像。财首菩萨所散之华。当文殊上即变化成四柱宝台。于其台内有四世尊。放身光明俨然而坐。东方阿閦。南方宝相。西方无量寿。北方微妙声。时世尊以金莲华散释迦佛。未至佛上化为华帐。有万亿叶……"四佛称赞释迦世尊，还当众讲述从前跟着空王如来出家学道，接受授记的过程，特别强调入塔观佛的法门。经文曰："所以者何。我念昔曾空王佛所出家学道。时四比丘共为同学……我从空声入塔观像眉间白毫相。即作是念。如来在世光明色身与此何异。佛大人相愿除我罪……忏悔因缘从是已后……得三昧已诸佛现前授我记别。东方有国。国名妙喜。彼土有佛。号曰阿閦。即第一比丘是。南方有国。国名曰欢喜。佛号宝相。即第二比丘是。西方有国。国名极乐。佛号无量寿。第三比丘是。北方有国。国名莲花庄严。佛号微妙声。第四比丘是。"不难看出，最早四佛是从入塔观佛且观眉间白毫相入门，然后加上忏悔诸罪，受持甚深念三昧法，而得授记成佛的。

四方佛的容貌和衣饰，也是随历史演进而变化的。当年竺僧朗兴建朗公寺，规模盛大，扬名海外，后朗公寺改名为神通寺，成为山东最早的佛教道场。相传竺僧朗为京兆人，他的先祖是天竺人。山东因临东海，有着得天独厚的文化交流优势，因此接受外来文化比其他地区更早。山东与天竺海路畅通，因此佛塔佛像受印度风格影响较深。通过研究青州龙兴寺窖藏的石佛我们可以发现，北魏至东魏的作品，多为背屏式的佛碑，佛身扁平消瘦。到了北齐时期，石佛走向修长健硕，薄衣透体，呈现曹衣出水式，此种式样就是受到印度笈多式样的影响，即秣菟罗式和鹿野苑式。比如，祖右肩及通肩式的袈裟是典型的天竺装，衣褶如流水式的波纹是秣菟罗式的余绪，褶襞全无的袍服则是鹿野苑式。青州石佛像介于两者之间，汲取其精华，石佛面孔具有青州风格。四门塔的四门佛，无论是在佛容上还是衣饰上，都很好地继承了青州风格。但是，佛衣摆脱了印度笈多式样，在原有基础之上有所创新。

四门塔每门内心柱平台上各雕有一尊高1.4米的石佛，每尊佛像都是用整块大理石雕刻而成的。佛像造型优美，雕刻精细，坐姿挺拔端庄，沿袭了北齐的冷硬，同时开启了隋唐恢宏气势的艺术先河。

记得我第一次去四门塔看佛像，走马观花，回来后没有什么感觉，因为记不住历史年代或年号，我甚至对那些佛像和碑刻有些陌生，因为它们离我们的生活太远。后来又去过几次，我深深地被震撼，确切地说，是在经历过一场大病后有所顿悟。重病卧床，疼痛蹂躏，全身大小关节没日没夜地疼，疼起来就像电流通过一般发生痉挛，不能自已。生病也是一场自我教育，所有的苦难都蕴蓄上天的美意，所有的不幸都蕴含生命的恩典。回过头来再与那些佛像对视，心灵获得翻转，灵魂受到净化。

佛像置于塔内，无日晒雨淋，没有风化侵蚀，保存较为完好。近距离打量，塔内佛像皆螺发肉髻，颜面丰润，细眉慈眼，隆鼻长耳，嘴角上扬，安详恬静。四方佛各有名号，北面佛像是莲花庄严世界微妙声佛，东面佛像为东方香积世界阿閦佛，南面佛像称欢喜世界宝生佛，西面佛像叫极乐世界无量寿佛。四尊佛像，南北两尊，大体相似；东西两尊，比较相近。

我们先说北面微妙声佛，又名"不空成就佛"。此佛士名莲花庄严世界，代表成所作智。近距离观看，他盘腿端坐，双手作禅定印，身披袈裟，自盘腿垂落至须弥座上层前沿，形成层叠折带样，看上去生动而鲜活。佛像的面部微瘦较长，额前双鬓螺发第一排最小，至螺鬓渐大，无论大小，每一颗都雕有细密的螺纹。佛像的额前有白毫像，眉弓上扬，幅度较大，双眼微眯，鼻线较弱，但是鼻梁较高，嘴巴上唇靠鼻

微妙声佛

线较厚,至嘴角薄收且上扬,双眼流露出发自肺腑的愉悦之情,让人心生喜悦,内心静谧。

东面的阿閦佛，又名"不动佛"，位居东方。此佛土名香积世界，代表大圆镇智，能够降伏魔障，破除烦恼，彰显其不嗔不动大德。因为1997年发生的佛首盗窃大案，阿閦佛尤为受到大家关注。阿閦佛造型丰腴生动，雕刻华美精细。发髻排列有序、横竖成行，额面扁平饱满，眉线略弯修长，双眼微眯秀扬。鼻线挺峻平直，唇线清晰分明，嘴角上扬，下巴圆润，两腮丰腴适度，耳垂低于嘴巴，让人心生敬慕。

南面的宝生佛，又名"宝相佛"，位居南方。此佛土名欢喜世界，代表平等性智，能够生出福智万行之宝，以普济众生。与阿閦佛不同，宝生佛盘膝而坐，双手分别放在腿上，他的衣饰与北面佛相似。只不过，他的头面瘦长，双耳下垂，螺发同样是自额前至螺髻渐大，且伴有螺纹，眉毛间有白毫像，双眼线上扬幅度较大，双眼微眯，又平直高突，侧面明显可见，嘴角内收上扬，给人以坦然自若的感觉。

西面的阿弥陀佛，又名"无量寿佛""无量光佛"，位居西方。此佛土名极乐世界，代表妙观察智。阿弥陀佛能够说诸妙法，断掉众生疑妄，令人正定。凡十方众生，闻其名号，欲生其国者，若能至心信乐，称名观想，乃至临终十念，于命终时，必得佛与圣众，示现接引，生极乐

宝生佛

国。他双手相汇，放在盘膝之上，外披衣纹流畅袈裟，内衣胸前作一小结。头部圆润，面相丰腴，眉线修长，内高外低，双眼微眯，鼻线明显，两翼较小，嘴角上扬内收，

阿弥陀佛

下巴略显圆润,但是耳垂较大,给人以雍容华贵的感觉。

我常常觉得,到佛像面前参观,精神觉醒,遇见真实的自我，从而触发肉身的思考与回望，那些尘世的烦恼、委屈、苦痛、矛盾、挫败，等等，都被打回原形。我看到生命的卑微、渺小，同时也看到生命的高尚、坚韧，最终，看到的是美的本身，抑或是说比美还要美，就是生命的原始模样，就像野地里的一朵小花，未经雕琢，兀自绽放，开出一片澄澈的天空。

2019年，台湾学者蒋勋先生去上海拜见一尊北齐青州佛像，他喃喃自语道："美到了极致，也许不是思维，不是逻辑，不是论辩，不是分析，像一朵花的绽放，仿佛与自己的前生或来世相遇，热泪盈眶，悲欣交集，只有合十敬慎，低头敛目，不可思，不可议。"我感同身受的是，那种热辣辣的感觉就像在病床前服侍父母，是看见亲人苦难的不忍，也是今生难以回报的恩情。

美，就是信仰，就是宗教，或者说它比宗教还要有力量。蒋勋先生的感悟，也是由肉身的痛苦而来的。2001年，他突发急性心肌梗死，住进了医院。紧接着，他又因心脏缺氧时肌肉局部坏死做了手术，历经大半年的时间才康复。回忆这段经历时，他说，在医院里思考肉身，与在美术馆里有着不一样的反省。当时做心脏导管手术，上了麻药，导管插入动脉，他痛到惊叫一声，此时，听到医生对他说："好了，最痛就这么痛。"病愈出院后，他去感谢那位医生，却一句感谢的话也没说出，只记得医生的那句"最痛就这么痛"，成为他最大的安慰。多年后，他在《此生肉身觉醒》一书中写道："肉身没有回避肉身的功课，肉身煎熬、受苦，或许是肉身觉醒的起点吧。"看到这里，我忍不住泪流满面——只有真正浃沦肌髓痛过，甚至与死神交过手，人们才有可能反过头来审视生命，认识自己，确切地说，认清自身的罪与罚，爱与痛，悲与欢，虚与实，才能生发出对生命的渴念和敬畏。而那些饱经沧桑的华美佛像，恰恰是让我们回望肉身的一种契机，一种观照，一种接引。

四门塔内的四方佛，结构独特，线条优美，刀法遒劲，各有千秋。他们承载的生命之美，吸引无数人一次又一次参观，每一次都会有不同的感悟和思考，这就是佛像艺术的博大精深，更是一座城市不朽的艺术瑰宝。

# 四门塔阿閦佛的"前世今生"

文物都是有生命、有灵魂的，我甚至觉得，文物也是有呼吸和痛感的，在时间的作用下，它们低眉屏气，静默不语，却见证着一座城市的前世今生。济南四门塔的阿閦佛就是其中之一。

山东大学刘凤君教授说过："四门塔与塔内的佛像，人们似乎有一种说不尽道不完的荣耀感。"毋庸置疑，四门塔与佛像的荣耀感，就是济南人的文化自信和使命。

阿閦佛是珍贵的佛教艺术代表，更是四门塔的精神重心和灵魂居所。说到阿閦佛，不得不提发生在1997年震惊海内外的"四门塔阿閦佛佛头被盗"一案。1997年3月7日晚11时左右，一伙盗贼潜入四门塔，偷走了阿閦佛的佛头，并卖给了一个文物贩子。自此佛头下落不明。五年后，2002年台湾法鼓山佛教基金会接到信徒赠送的佛头，怀疑是四门塔丢失的佛头。后经确认，确实是四门塔被盗佛头。在该基金会董事

阿閦佛

长圣严法师和山东大学美术考古研究所刘凤君教授的共同协调和努力下，2002年12月19日，佛头终于归还济南四门塔，并安放到阿閦佛的躯体上。当看到技术人员小心翼翼对接佛头的那张照片时，我相信，所有济南人都会热泪盈眶，内心久久无法平静。刘凤君教授赴台湾鉴定时，曾对圣严法师说："我是来认亲的，四门塔的佛像就像我们故乡的亲人一样，它丢失了，流浪到台湾，大师你收容了它。丢失前我们常常见到它，太熟悉了，只要一见到它，我们就认得出。咱们都渴望它能早日回家。"阿閦佛的"回家"之路历经波折，背后的故事却很少有人知晓。

四门塔经历过两次大的整修，一次是在20世纪70年代，一次是在21世纪初期。为了纪念四门塔佛头"回家"这一重要历史事件，在第二次修缮过程中，相关部门将圣严法师生前亲自题写的一副对联进行复制，做成木牌，放到塔内永久保存。对联这样写道："阿閦佛行化人间，大千界建设净土。"对联传递出圣严法师的美好宏愿和光明寄托。他在第一次见到阿閦佛佛头的时候就感慨万分："它有生命，我内心的感动与欢喜难以形容。好像流离失所的孩子，重逢慈母，投怀相依。"

仔细打量阿閦佛佛头，庄严、肃穆，面部表情自然而适度，看上去像极了一位慈祥可亲的长者。只见他五官向中间靠拢，嘴角和眉眼流露出说法度众的无量智慧，柔软委婉的雕刻线条仿佛流转出千百年来寺庙里修行者默念经文的声音，叫人的心灵一下子变得静谧和安定，过滤掉尘世的所有烦恼和名利，变得无欲无念，身心入定。这使我想起《楞严经》中所写，"如染香人，身有香气，此则名曰香光庄严"，又让我联想到位于吴哥城中心位置的巴戎庙里的佛像。巴戎庙名盛天下的当属由49座大小不一的佛塔构成的建筑群，每一座塔的四面都雕刻有巨大的佛面，每一个佛像都在微笑，因此被人们称作"高棉的微笑"。台湾学者蒋勋参观后说道："那微笑成为城市高处唯一的表情，包容了爱恨，超越了生死，通过漫长的岁月，把笑容传递给了后世。"吴哥城的佛像也好，四门塔的阿閦佛像也好，微笑的模样不尽相同，也很难复制，但是，异曲同工之处在于敛目沉思的神秘性和启示性——身处艰难，也要心生喜悦，心向光明。

当然，我不想把阿閦佛的慈爱面容盲目地视作"城市的微笑"，那样会随波逐流，有失佛塔和寺院的庄严。阿閦佛的微笑，是面向整个世界的无边供养，以身作舟，抵达彼岸。即使是佛像颈部那一道清晰的裂痕，也不会减损其圆润仪态半分。因为残缺本身就是生命的一部分。

我在四门塔的午后微风里与阿閦佛对视过，我在书页或展览中与他交流过，他闭目敛眉的慈爱面容，给人以穿透心灵的精神力量。阿閦佛，梵语的定义是"不动摇"，翻译过来为"不动如来"之意。《佛说阿閦佛国经》记载："阿閦佛在初仍为菩萨时，初发心披精进甲、誓度一切众生且不受众生的嗔心所动摇，时彼菩萨因此念故，后为广目如来所授记：来世当于东方妙喜国成佛，号曰不动如来。"这个故事讲述的是阿閦比发愿修学菩萨，广目如来告诉他，这个过程会非常艰难，要对所有人以及飞鸟走兽都不嗔恚，甚至搬出"割肉喂鹰""舍身饲虎"等肉身受苦的故事，让阿閦比知难而退。但阿閦比没有退缩，并立下"不起嗔"的誓言，真正成佛后被称作"阿閦佛"。

其实，通过阿閦佛的"閦"字，我们也能体悟出他的宏愿，"門"代表心灵，"众"寓意"微尘众"，即打开心灵去修行，甘愿牺牲所有去救赎众生。最让人敬畏的是，阿閦比思想开放，主张男女平等，打破重男轻女的封建桎梏。相传阿閦比成佛时，天空大放光明，大地摇动不止，一切生物不吃不喝，也不觉得疲倦，因为他们内心充满光明。

## 出土文物里的"济南发现"

　　文物的维修和保护，也是城市历史档案的一部分。除了经历过两次大修，四门塔还有过两次小修。第一次是1951年，山东省文物管理委员会对四门塔进行加固处理，围绕塔身加了三道铁箍。塔室内用石柱顶住断裂的石梁，还整理了佛座，扶正了佛像。第二次是1963年，济南市文化局在四门塔塔身外围加了一道挡土墙，以保持塔基牢固。1964年，设立了保护标志，划定保护范围，并成立了四门塔文物保管所，设专人负责管理。

　　每一次开展文物维修，是保护，也是发现。1971年，国家文物局拨款维修四门塔，并作了"加固塔基，维修塔顶"的批示。1972年开工建设，首先在塔外围墙增建9米见方的挡土墙，在墙基周围砌筑了护坡石，进一步加固塔基。与此同时，工作人员还对塔顶、塔身进行维修加固，塔顶和塔之残碎部分全部按照原来的尺寸更换新石。1973年，工作人员维修塔顶到塔心柱上方时，发现了舍利函和舍利。这一发现在社会上引发的震动不亚于在济南宽厚所街发现国内首个明代郡王府。

考古发掘，不仅是发现、调查、研究文物，追溯文明发展的精神源头，探问人性的复杂和幽微，也是发现我们自己。浙江文物考古研究所研究员郑嘉励在《考古四记：田野中的历史人生》一书中，道出一位考古人的内心独白：我们可以看到古人是怎样处理死者的彼岸世界跟生者的此岸世界的微妙的平衡关系，这就是我讲的，古墓是认识历史、感悟人性、理解生活的很好的载体，而它可以让我们认识自己。他曾用五年时间调查和发掘浙江的南宋墓葬，并饶有洞见地说道："在一处墓地，我看到现代人对古人的贪婪与无情。在另一处墓地，我看到了很多人对古人的怀念与温情。而我呢，游走于两边，像个多愁善感的诗人，'东边日出西边雨，道是无晴却有晴'。"受传统文化的影响，我们忌讳谈论死亡，对墓地也非常避讳。但是，墓地并非冰冷、黯淡、凝重的，它承载着看待生命的态度，是不可或缺的心灵风景。

看见文物的存在意义，从本质上说也是发现我们自己。所以，那些出土的文物，都有自己的故事，需要我们怀着敬畏的心去走近，一如打开历史百宝箱那样。这样，我们反过头来看四门塔第一次大修时出土的几件文物，就会生发出新的思考。

先说"大业"刻石。维修时工作人员发现塔内顶部三角石梁上放有较大块的石板，其中一块石板反面左下方位置，有两行竖刻正书"大业七年造"。此前因为缺少明确记载，对四门塔的建造时间是东魏还是隋朝，说法不一。这块石板的发现，明确了四门塔建造于隋朝，有利于开展文物保护和艺术研究。

除了"大业"刻石，还有一重大发现是舍利函和舍利。工作人员拆除塔顶叠涩石时，在塔心柱离地高1.6米处发现一舍利石函，石函内有舍利铜函，铜函内有舍利。石函为方形，盖为盝顶式，外面经过水磨处理，石材表面有赭红色条状或圆状图案。铜函内外分别放有砂石、药草、香料等，铜函外部绘有红、黑、绿、蓝等图案，内部镶以绘着花纹的木椟，已经朽坏脱落。舍利全部放在铜函内，计有水晶珠4颗、黄琉璃珠7颗、绿琉璃珠9颗，珠子皆有一穿孔。另外，还有隋文帝"五铢"铜钱两枚。此外，塔内还有两则重要刻石，也具有重要的文献意义。

四门塔里的出土文物，不仅标记着建筑的时间线索，同时也体现了历史的尊严和对生命的态度。每一件舍利函或舍利，都浸润隋朝的风雨，凝结光阴的祝福。它们并非冷冰冰的物品，而是先人日常生活的一部分，因此，它们所传递的某种气息，所蕴含的某种感应，与我们息息相关。

说到感应，不得不提与四门塔有关的"鲁班点化造塔"的故事。相传，1400多年前，神通寺僧人找来一些能工巧匠修建四门塔，工匠们很快就把高大的塔身建完，只剩下在塔顶安放塔刹。塔刹精美却笨重，工匠们犯了难，怎样才能将塔刹运上塔顶且完好无损地安放呢？大家面面相觑，都想不出好的办法，工匠头司徒贤更是坐立不安，愁得睡不着觉。有一天中午，司徒贤正在冥思苦想，想着想着进入了梦乡，梦里有位鹤发童颜的老人，望着四门塔塔顶嘴角上扬，不住地微笑。司徒贤见老者相貌不凡，便赶忙上前行了个拱手礼，说道："老人家，我们正在为安不上塔刹而发愁，您看能给出个招吗？"老人漫不经心地说了一句："我已是黄土埋到脖子的人了……"说罢，便扬长而去。这个时候，司徒贤忽然醒了，他想着老人的那句话，豁然开朗："黄土埋到脖子，就是说把黄土堆得像塔一样高，这样不就能把塔刹运到塔顶上了吗？原来，这是鲁班祖师爷显灵来点化我啊！"他招呼其他工匠，用这个办法顺利把塔刹运上了塔顶，然后再把黄土搬运走，四门塔的修建大功告成。为了纪念鲁班显灵，工匠们在四门塔旁边专门修了一座鲁班祠，以表示对这位祖师爷的感激和敬仰。

"鲁班点化造塔"与此前说过的"神通感应"的报恩故事，有着相似之处——都属于民间传说，无形中为四门塔蒙上了一层神秘的色彩，让前来参观的人回味无穷。这些有趣的传说，与塔内的出土文物一样，最终都融入大地，幻化为颗颗珍珠，在缥缈深邃的历史长河里熠熠发光，永远鲜活，永远生动。

# 第二章

# 宝藏遗韵

## 在龙虎塔，感受"飞天"的力量

　　一座古塔，就是一则传奇故事。四门塔风景区的"流量明星"，当属龙虎塔和小龙虎塔。我特别喜欢龙虎塔塔身四面的精美雕刻，它能给人以视觉和心灵的双重审美，令人过目不忘。

　　有塔必有寺，但是有寺不一定有塔。在我国，木质结构佛塔居多，但是，像四门塔、龙虎塔这样使用石砌材料的也有。唐代以前，一般要把塔建在大雄宝殿前面，并且建造塔院；唐代以后，塔不再作为主要拜谒对象，便建在大雄宝殿后面。当然，大殿东西或南北可以建塔，寺院外部也能建塔，不过一般建在寺院的东南角。比如，河南洛阳白马寺的齐云塔就建在寺院的东南角。

　　梁思成在《中国的佛教建筑》一文中写道："在中国的佛教建筑中，佛塔是值得作为一个特殊的类型而加以阐述的……经过长期的发展，中国历代的匠师创作出许多不同的

龙虎塔

# 第二章　宝藏遗韵

塔型，大量佛塔遍布全国，成为一份极其丰富的遗产。"佛塔的建筑史也是佛教的发展史和传播史。最初，石塔建筑都是模仿木结构建筑，塔身、梁枋、斗拱、塔檐、门窗等，哪怕是圆形塔也是模仿木结构式样进行处理，使之接近圆形。自宋代以后，在不断总结前人建塔经验的基础上，每座塔的楼板、外壁、塔梯结合在一起，使其更加坚固耐久。

有塔的地方就有佛，塔就是佛的象征。佛塔的风格变化与时代紧密相连，隋唐时期圆润丰腴，到了宋代典雅清秀，辽金时期雄健华丽，元代高大奇异，明清时期繁复华美。

龙虎塔位于白虎山东麓的千佛崖下，与四门塔隔谷相望，因为塔身雕有龙、虎而得名。这里还有一座唐开元五年（717年）建的小型石雕塔，塔身正面也有高浮雕的龙、虎，被称为"小龙虎塔"。龙虎塔的平面为正方形，砖石结构，造型优美，底座每边长6.6米，塔高10.8米。塔身内有方形石柱，四角各雕有盘龙，中间雕有佛像一躯，上雕有飞天等，形成小佛龛。从细节处打量，四面龛中的佛像，都是突胸细腰，脸型瘦长。塔座为三层，每层出挑三层。第一层束腰部，每面各雕石龛两个；第二层束腰部，各面凿有石龛两个，内雕有伎乐人物，外雕有复莲；第三层束腰部，采用仰莲雕刻成的挑檐，下为下枋，下枋以上为复莲，四面各雕有一托扛力士，复莲以上雕有狮、角神、伎乐人物等。再看塔檐，用砖石砌筑，仿木结构重檐，檐下有双跳华拱承托，上置复莲和项轮，宝顶为塔刹。龙的优美造型与绝妙超群的高浮雕相得益彰，体现出盛唐雕刻、造型艺术的独特之美，为我国佛塔建筑之珍品。1988年1月13日，国务院公布第三批全国重点文物保护单位，龙虎塔位列其中。

龙虎塔的塔身由四块石板雕成，每面中央各开一宝珠券门，南门和北门两侧雕有"四大天王"，分别是东方持国天、南方增长天、西方广目天、北方多闻天，他们一手持剑或戟，一手持舍利宝塔，脚下踩着三夜叉，腹下有衣裙，其余肌肤外露，胸部和腹部的雕刻精细逼真，富有肌肉感，人物身后缠绕的飘带，装饰效果显著。力士外侧有人物手系雄狮，健壮而威严，细腻而鲜活，传递出守护正法的威仪和保护天国的精神。在券门正上方，有一虎头下望两爪左右，它的上方左右两边冠状范围内，云水曲绕，生动密集，顶部和两外侧均有裸娃戏水。冠顶位置，虎头较大，圆目怒睁，嘴大露牙，毛发四射，咬住冠顶，头顶坐佛。其中，虎头两侧各有两条飞龙，首小胸壮，利爪外伸，细尾飞扬，体态生动。而石雕板左右上部也各有一条飞龙,首俯尾扬,头小身壮,四爪尖利。在石板顶部位置,还依稀可见9尊比较小的菩萨,各自端坐在荷花座上,身后装饰有花瓣。有的菩萨在吹奏,有的菩萨在说法,还有的菩萨在打坐,姿态不一,栩栩动人。券门冠部两侧,各有较大的龙首,圆眼外凸,牙舌锋利,作吐水浴太子状。

因为石材原因,东、西门两侧略有不同,东门两侧雕有释迦两大弟子,分别是阿难和迦叶。他们面目泰然,头微下俯,一立者双手合十,一立者手持如意之物,衣饰精美生动。在他们的上部,分别是观世音菩萨和韦驮菩萨,各骑狮子与大象,立在莲座上。西门两侧雕有护法之神,高约1米,身着铠甲,手持兵器,面部狰狞,逼真鲜活。拱门中下俯的虎头,两臂外张,爪抓拱沿,胸部立出拱内,拱下门上有云水曲卷的图案。其中,冠状内中部卧象腰饰火焰纹,两边刻有飞天人物;冠状两侧刻有张口龙头;冠顶处的大虎头,头顶莲座和佛像,而虎外两侧雕刻有一龙奔放飞舞,上部有四尊人面鸟翼吹奏伎乐人物。

说到龙虎塔,我不由得想到济南另外几座古塔,像紫金塔、多佛塔、辟支塔、九顶塔、慧崇塔、龙洞报恩塔等,这些散落于民间的佛塔，因为位置比较隐蔽而保存下来，又因年久失修带有岁月的沉实感，给人以别具一格的审美洗礼。

紫金塔位于济南市历城区港沟街道朱凤山景区内，门额上镶嵌有一块石板，根据碑文记载，此塔始建于南北朝北齐武平年间（570—576年），为方形单层亭阁式，是中国现存历史最悠久的古塔之一。这是一处不易被人发现的世外桃源，密林遮天蔽日。深山老林幽静，流水潺潺沁心，若是秋天去，会欣赏到红叶层林尽染的浪漫景色，而年久失修的荒芜感更显其原生态，成为很多驴友登山徒步的打卡处。

多佛塔位于济南市平阴县翠屏山，因塔身镶嵌众多佛像而得名，始建于唐贞观四年（630年），明嘉靖元年（1522年）重修。整体用本地毛青石垒砌，为八角形十三层楼阁式，通高19.7米，每层东南西北四面皆辟佛龛，内嵌有石雕佛像，原有佛像104尊，现存84尊。2013年，多佛塔被认定为第七批全国重点文物保护单位。

这些古塔中，最让我印象深刻的是济南市长清区灵岩寺内的辟支塔。灵岩寺与浙江天台国清寺、湖北江陵玉泉寺、江苏南京栖霞寺并称为"中国四大名刹"。明代学士王士祯曾说："灵岩是泰山背最幽胜处，游泰山而不至灵岩不成游也。""幽胜"二字点出了灵岩寺的灵魂。实际上，灵岩寺比我想象的还要幽静。辟支塔是灵岩寺的镇寺之宝，最早建于唐代，后多次维修。唐代书法家李邕在《灵岩寺碑颂并序》中写道："辟支佛牙，灰骨起塔。"辟支佛为梵语音译，即缘觉、独觉，无师自悟的意思。高达55.7米的塔身，八角九层十二檐楼阁式砖塔，基座周围的37幅关于阿育王的浮雕，让人大开眼界。曾巩曾赋诗称赞："法定禅房临峭谷，辟支灵塔冠层峦。"我恍然顿悟，这高不可启、深不可测的辟支塔，安放的不只是佛骨舍利，还有芸芸众生的苦痛、忧愤、惊惧、烦恼、牵绊，以及那些肉眼看不到的尘世苦难。当一个人身处困境，看到自身的肤浅与局限，才有机会获得知觉上的顿悟、心灵上的扭转。有所证悟，才能无所羁绊。

佛塔之美，才是真正的世间大美，让我们自惭形秽。佛塔上的雕刻和图像，以释迦牟尼的出生、成道、初转法轮与涅槃为主，讲述他的心路历程，因此，看佛塔也是在阅读佛陀故事。佛塔细节之处的故事性和戏剧性最为精彩，而那些装饰性的动物、植物、夜叉、护法等，也别有一番意趣。英国考古学家约翰·马歇尔评价印度桑奇佛塔时写道："从本质上说，这是印度本土的艺术。它根发于印度人的心灵与信仰,雄辩地表达了其精神的信念,及其与自然深切而本真的共鸣。它不做作,不超验,它的目的,是颂扬宗教,而非给精神的观念披上形式的外衣。它以雕刻的凿子所能麾使的最单纯、最富表现力的语言,讲述着佛教的故事。恰因这种单纯与无所掩饰的真挚,它真实道出了印度人的心灵的声音,使之直到今天,仍可打动我们。"可见,佛塔雕刻的故事场景也好,浮雕图案也罢,都有种击中心灵的穿透力和审美力。

龙和虎是佛塔中常见的意象,龙为神龙,虎为神虎,象征权势与尊荣,威武与力量。刻在塔身的龙与虎,亦是代表龙腾虎跃的精神。而壁画或彩塑中的飞天,是有历史渊源的。《楞严经》中介绍,飞天是十种飞仙之一,产于印度,指飞于空中的仙人,以歌舞香花等供养诸佛菩萨,常见于各大佛教遗迹中,比较著名的有鹿野苑私立石刻艺术博物馆所藏石造释迦说法像,其像之光背上刻有两尊动感十足的飞天。飞天喜欢谈佛事,奏天乐,散出天花,熏燃天香,身披璎珞在天空中飞翔,身姿窈窕,体态优美,给人以无尽的想象和美感。按照职能,飞天可分为供养飞天、伎乐飞天,伎乐飞天又有演奏飞天和舞蹈飞天之别。我国最早的飞天出现在四川雅安汉代高颐阙主阙之拱眼壁上，此后南北朝时期的石窟中更是出现大量的飞天。伴随张骞出使西域，开拓丝绸之路，佛教传入中国，被中原文化吸收融合并加以改造，飞天逐渐从西域式演变成中原特色和西域特色并存的形象。同时，佛教的飞天也与道教的飞仙在形式上互相融合，比如敦煌莫高窟中的飞神，就是由飞天转化而来的，他不长翅膀，不生羽毛，没有圆光，借助云而不依靠云，凭借飘逸的衣裙、飞舞的彩带而凌空翱翔，这无不得益于艺术家的赋能。敦煌研究院名誉院长樊锦诗曾解读说："他没有翅膀，可是你能感觉到他在飞，在自由地翱翔。"后来，中国飞天的构图、画法、式样伴随佛教建筑流传到日本，日本的法隆寺、药师寺、法界寺、平等院凤凰堂等各大名寺中都雕有飞天。

仰望龙虎塔雕刻的飞天，或苗条纤巧，或飘带飞舞，或长裙翩跹，美轮美奂，令人沉醉。这种感觉与在博物馆里透过橱窗观看很不一样，有种难以言述的空灵之美和超脱之感，是由视觉、触觉、嗅觉多方面带来的精神享受。就像曾在山东博物馆工作十多年的郑岩先生所说："后者（书本）无论有多么详细的记载和描述，都是过去时，而那些文物被我们从地下唤醒以后，就和我们处在同一个空间，看得见，摸得着，成为我们这个世界的一部分。时间不再是线性的，而是折叠在一起。"而龙虎塔就像个天然的博物馆，让我们能够更好地走近，发现未来之美。

从四门塔回来，我想起关于沈从文先生的一则飞天佳话。众所周知，沈从文晚年投身文物研究，并凭借记忆修改中国古代服饰资料图稿，扬之水先生与他住得很近。经沈从文介绍，扬之水结识了著名文物专家、考古学家孙机（字遇安）先生。孙机先生将沈从文的珍贵手迹"关于飞天"送给了扬之水。后来，杨之水回忆说，手迹"写在五百字的红格稿纸上，一共三页。它的来历，遇安师也记不很清，大约是当年一起聊天的时候谈到飞天，之后沈先生就以书信的形式写下了自己的若干想法"。半个多世纪过去了，沈从文先生这篇手迹的价值已不在于内容，而在于它留下了作者的独立思考和精神审美，传递了"飞天"的美。如果说沈从文的手迹"关于飞天"氤氲出文学与文物相互结合的艺术造诣，那么龙虎塔塔身的雕刻"飞天"则是关于佛教传播的精神载体，前者烛照文学与文物的精神光芒，后者展现文物的心灵。

# 别有洞天的小龙虎塔

我第一次见小龙虎塔,是在长清的灵岩寺般舟殿遗址前。小龙虎塔现存六级,高约3米,基座和首层塔身为方形,以上各层为八角形,顶部塔刹已经毁佚。首层雕有精美图案,内部有佛像。后来去四门塔,参观另一座小龙虎塔,我才了解到,两处小龙虎塔是有历史关联的,都属于民间造塔。

《诗经·小雅》中写道:"如跂斯翼,如矢斯棘,如鸟斯革,如翚斯飞。"后两句是形容古建筑的灵动和辉煌的。四门塔的小龙虎塔,就给人以别具一格的美感。小龙虎塔最初在突泉村的皇姑庵里,庵早已荒废,为了妥善保存该塔,1972年移至神通寺青龙山西麓一台地上。从外观上看,该塔特征明显,整体造型和装饰风格与白虎山东麓的龙虎塔非常接近,为平面方形密檐式石塔,原为七级,现存六级,塔高3.86米,双层须弥座高1.44米,束腰部四面均雕有精美浮雕。比之龙虎塔,此塔造型纤小,却配以技艺精湛而华美的高浮雕装饰,因此更显富丽堂皇、雍容华贵。从细节上看，小龙虎塔是由两块石料拼对成的方柱体，南面劈券门，直通塔室，内部雕有一佛二僧二菩萨，皆面容丰满，衣纹流畅，雕刻精细。门外左右各立一天王，均穿盔甲，足踏鬼魅，像极了盛唐墓中出土的天王俑。券门上饰有火焰形门楣，正中雕有虎头，左右各一莲座，分别坐弹琵琶、吹奏乐伎。门饰上方莲座上结跏趺坐一小佛，其上雕有四龙，中间二龙作穿石状，从壁中穿出半身，口里吐出的水直接落在小佛头上，构成了"二龙浴太子"的场景。

塔内供奉的是释迦牟尼，塔身、塔檐以及外部的形式各样的浮雕图案，其实是一种虔敬礼拜和赞叹。我留意到，很多画面上的人物以世俗形象为主，从佛像艺术专业角度分析，这里面遵循着一个原则，即不表现佛陀，避免引发偶像崇拜，因而以各种象征物来体现和阐释，比如，以莲花、道树、金刚座、法轮、鹿等,讲述佛陀的人生心路和生命轨迹——诞生、正觉、说法、涅槃。所以，图像以及浮雕凸显觉悟者的觉醒或证悟，以此更好地保存宗教文化精髓。

我惊叹于旧时工匠的雕刻技法，更感动于塔身浮雕所表现出来的高深思想——以小见大，细微之间，星罗棋布的装饰纹样，仿佛在缓缓讲述一个个涅槃故事，作一个个生动见证，背后所生发出来的美好情感令人产生共鸣。很多时候，我好想把时间拨慢一些，能够有大把时间多看一会儿，就像凝视俄裔美籍作家纳博科夫笔下的黄绿蛱蝶，"一只与我们浪漫史同龄的黄绿蛱蝶，在花园的一条长椅背上，晒着它碰伤了的黑色翅膀"。凝视的瞬间，会有奇迹发生。

文物也是有感情、有生命的，这得益于艺术的再造和文化的浸润。如约翰·马歇尔的观点，我一直觉得颇为精辟："第一，尽管我们可以从早期印度派艺术作品中看出某些外来因素，但总的来说这种艺术还是印度艺术。无论从外界引入什么，印度艺术都能够彻底而有组织地同化、吸收它们，而使自己的基本特征不受什么损伤。这一特征的基础是印度人对和谐与对称深厚而直率的感情，是他们对动物、植物生活所具有的极大的兴趣，是他们对于形式模仿的本能，是印度艺术美的基础。第二，虽然早期印度派的艺术是一种宗教艺术，是在佛教组织庇护下发展起来的，但很大程度上是以当时流行的世俗艺术为基础，略做变化，就像给世俗艺术涂上一层佛教的油彩。"越是沉浸其中，越能够领略到工匠带来的精神意趣和世俗热情。置身寺院，大胆设想一把，似乎就与那段历史重叠：当年僧众信徒在住持的带领下，绕小龙虎塔礼拜，静穆中显热烈，庄严里有活力，伴随夕阳的斜照，一时间分不清哪是佛光眷顾，哪是夕阳晕染，美得令人眼眶里蓄满泪水，这份感动出自精神的纯粹，还有民间的供养。

之所以说有民间供养，是因为小龙虎塔是由民间人士资助建成的，它的建筑流派和历史流传值得探究。近距离看，小龙虎塔塔身四角各雕一盘龙柱，令人倍感遗憾的是，塔身残损严重。塔身东面刻有"开元五年丁巳，二月辛丑朔八日戊申，大浮图主贯王，兄李生、弟李成、弟文剑等，上为国王帝主，下及师僧父母，普为法界苍生，咸同斯福"的塔铭。我们可以从塔铭中获知，该塔建于盛唐717年。在唐代，这种小石塔非常流行，所以小龙虎塔也被称为"小唐塔"。

很多人容易忽略的是，四门塔风景区内还有一处不起眼但很珍贵的小石塔——小宋塔。小宋塔位于青龙山南麓、四门塔北面约60米处的山坡上，是一座方形三层舍利塔，整个塔身置于凸起的自然石块上，总高约4.71米，底部为一块整石刻成的平面呈长方形的基座，长1.38米，宽1.30米，高0.58米。基座之上筑有塔身、塔檐、塔顶，均为整块青石构筑而成。第一层塔身南面辟有一佛龛，龛为方形，龛门

小宋塔

为拱券形,其他各面皆为光面。石塔的第一与第二层檐做成了陡坡方形,第三层屋顶为盝顶式,斜坡处均雕出瓦陇。佛龛门外东侧刻有楷书"比丘福林于北宋绍圣五年三月为亡父母造塔"的题记:"其父好儒,其母好佛行善,均寿高80多岁,无疾而终,虽值炎热天气,但蚊蝇不近其身……"因此,小宋塔也被称作"绍圣塔"或"青龙塔",以此纪念福林的孝行,而这座佛塔为神通寺仅存宋代建筑,所以就更加珍贵了。

考古学家郑岩当年对龙虎塔开展实地测绘后,对小龙虎塔也颇感兴趣,想来他可能也在小宋塔前面停留过。打个比方,小龙虎塔就像从历史宝盒中不小心掉落出来的一粒沙子,恰好被他慧眼识珠,继而促使他踏上寻找小龙虎塔的漫漫征程。郑岩最远跨越太平洋去美国，比如，芝加哥美术馆藏开元十二年贾黑囦造塔散石，旧金山亚洲艺术博物馆藏唐赵宝明造石塔，奈尔逊——阿特金斯艺术博物馆藏唐小龙虎塔散石，西雅图亚洲美术馆藏唐小龙虎塔残石；近处呢，有长清、青州、阳谷等地散落的小龙虎塔或散石。他在田野考察中发现，大批小龙虎塔没有特定的塔铭，这是因为赞助人大多数来自民间。一般来说，赞助人有出家的僧尼、附近的民众，形式有族内的兄弟合建、相熟的亲朋共建、同村的村民兴建等。可见民间造塔行为已经成为密集型的运动，背后根植的是积累功德、祈求庇护的美好心愿。

民间建造石塔的现象，为小龙虎塔标注出引人瞩目的精神底色。郑岩先生深入研究发现，将小龙虎塔与龙虎塔进行比较，两者都有高大的基座，基座上装饰各种舞伎或乐伎。第一级塔身上的雕刻非常精美，基本图像包括金刚、力士，门以上刻有龙、虎，抑或狮面，而这些雕刻又与塔心室内对应的佛像（小龙虎塔还包括弟子、菩萨）联系在一起，合成一铺铺复杂的三维造像体系。稍有不同之处在于小龙虎塔第一级塔身大多只有一个门，图像多刻在一面上，而龙虎塔有四门，塔心室内有四方佛。

小龙虎塔来自民间，具有十分旺盛的生命力。资助人根据工匠设计的建筑样式，不断复制，不断创新，从而使小龙虎塔更加引人注目。小龙虎塔的造型特别是图像、浮雕等细节，在模仿龙虎塔时做得相对粗放，有种"神像形不像"的精神观感。但是，这并不会对小龙虎塔的历史地位和重要意义有丝毫减损。我甚至有些偏爱小龙虎塔，其集聚民间的集体智慧和僧尼、百姓的赤诚之心，小到一处雕琢、一条飘带、一个药叉，都凝聚着宗教艺术的精髓，彰显峥嵘多姿的生命样态。我相信，当信众绕塔敬拜的时候，小龙虎塔里必会熠熠发光，那是历史的呢喃，也是生命的禅悦。

走进小龙虎塔就是走进未知的世界，亦是重新认识我们自己。关于小龙虎塔以及小石塔的流布与保护，还有很多有待解决的谜团。正如郑岩先生在《八世纪的民间造塔运动——小龙虎塔所包含的一些问题》中所说："我们会发现这几个大量造塔的事例有很大的差别，隋文帝与吴越王造塔是帝王的活动，是由上而下地展开的，而小龙虎塔则是一种民间的造塔活动。既然这些小龙虎塔在建筑形制和图像装饰风格上都与那些大塔以及帝王所造的塔有一些共同之处，那么，盛唐时期北方地区民间的这次造塔运动，有没有一位直接的倡导者，或者有某种特殊的信仰来推动？值得注意的问题还有，到了盛唐时期，各地的窟龛造像已比较少见，那么，大量小龙虎塔的出现是否说明与信仰相关的宗教行为已经发生了变化？叶昌炽曾谈到塔铭与经幢此消彼长的关系，认为这一变化发生在盛唐之后。叶氏观点只是根据拓本来推断，与考古学和美术史的方法有很大的不同。但是，在有些小龙虎塔身上出现了刻经，这一现象是否预示着一种新的宗教艺术形式即将出现？我想将这些本文难以一一回答的问题留给诸位读者，希望更多的读者关注这些唐代小塔的研究。"郑岩先生为我们打开了一个关于小龙虎塔的别有洞天的精神空间，也使我们在层层追问中看清历史的轮廓，这些是所有人的修行功课。

如果说小龙虎塔是对龙虎塔的千年礼赞，那么我们每一个参观者，在目光对视中安放的是内心深处的敬畏和赞美。扬之水先生在《桑奇三塔》一书中说道："对佛陀的赞叹，是来自对一位圣者的智慧之崇仰，而这一位圣者，便完全隐身于展开在我们面前的故事里。"我想，故事里的故事，依然在泉城大地上继续，探索永不止步，石塔永远年轻。

## 抖落千年尘埃,倾听千佛崖摩崖遗响

纵观历史长河,隋代开窟造像蔚然成风,成为独特的人文景观。建筑学家梁思成在《中国雕塑史》一书中写道:"隋代石窟雕刻极多,其最要者在山东境内。"无独有偶,著名东方美术史学家、瑞典人喜龙仁在其著作《中国雕塑》中也有过类似表述,"隋代的造像,以山东境内最为丰富"。两人的观点不谋而合,足以证明隋代造像之兴盛,尤其是在山东。20世纪初,很多外国学者来中国参观学习和调查研究隋代造像。

据不完全统计,在敦煌莫高窟全部492座洞窟中,隋代开凿和改建的就有100余窟。而山东地区在隋代开窟造像的数量同样不少,北朝时期开窟造像的有龙洞佛峪、千佛山、黄石崖、五峰山莲花洞,到了隋代,造像地点增加了云门山、驼山、东佛峪、佛慧山、玉函山、白佛山等。济南是山东境内隋唐时期摩崖造像最为密集的地区,最具代表性的当属四门塔千佛崖摩崖造像,有"初唐佛教明珠"的美誉。

摩崖造像是指以石刻为主的佛教造像,主要特征是置于露天或位于浅龛中,大多数以群组形式出现,还与石窟并存。我国比较有名的造像有四川乐山凌云寺弥勒大佛、江苏连云港孔望山摩崖造像、辽宁海棠山摩崖石刻造像群,都是佛教艺术的瑰丽珍宝。20世纪50年代以来,中国佛教考古史上有两次重大的考古发现。一次是1953年在河北省曲阳修德寺遗址中出土了一批白石造像,共计2200余躯,其中有纪年刻铭的造像247躯,自北魏神龟三年(520年)迄唐天宝九年(750年),其间跨越230年,历经北魏、东魏、北齐、隋、唐,尤其以东魏、北齐造像数量最多。另一次是1996年在山东省青州龙兴寺遗址出土的400余尊青石造像。其中最早纪年刻铭为北魏永安二年(529年),最晚为北宋天圣四年(1026年),其间跨越近500年,其中绝大多数造像为北魏晚期到北齐时期。青州造像的雕刻艺术和风格潜移默化地影响着周边地区,包括四门塔。济南,因其独特的地理优势,形成山、河、湖、泉、城融为一体的格局,文化底蕴深厚,摩崖造像分布也比较广泛,如千佛山、佛慧山、玉函山、龙洞山、灵鹫山等,其中,千佛崖摩崖造像保存相对完整,造像雕刻细

千佛崖摩崖造像

腻，刀法流畅，体态健壮丰腴，面容圆润慈祥，纹饰简洁大方，观者能够从中感受到盛唐雕刻"以胖为美"的审美取向和艺术风格。

　　千佛崖摩崖造像位于神通寺遗址白虎山山腰的石壁上，造像区从南向北长约60米，摩崖高20余米，有大小石窟100多个，造像从十几厘米到3米不等。据了解，千佛崖摩崖造像现存造像210多尊，造像题记46则。千佛崖摩崖造像始凿于武德（618—626年）年间，经贞观（627—649年）、显庆（656—661年）、永淳（682—683年）至文明（684年），造像时间长达60年，才开凿成现在的布局。千佛崖摩崖造像为山东佛教艺术史上唯一保存完好的一区，是神通寺和四门塔历史变革的实物见证，也是我国唐初造像中保存最完整的珍品之一，对研究古代佛教雕刻艺术和宗教美术史具有不可替代的价值。1988年，千佛崖摩崖造像被国务院公布为第三批全国重点文物保护单位。

站在石刻造像面前，我深深地感受到自己的渺小，并对历史怀有敬畏之心。造像题记，是时间的刻度，亦是生命的承诺。从造像题记和造像分布来看，千佛崖开凿时间是唐代第一个皇帝李渊统治时期，到唐高宗时期达到鼎盛，至睿宗文明元年（684年）接近尾声，堪称唐代山东地区佛教石刻造像艺术编年史，也是佛教艺术和佛教文化在济南的传播史。

千佛崖摩崖造像者的身份有贵族、平民、僧尼，多数是为亡父母、兄姊、儿女及其亲属祈福。仔细梳理，大体可以分为三类：第一类为皇亲国戚和达官贵人，第二类是僧尼，第三类为平民百姓。从佛教本义来说，造像是一种无量功德，生者可以借此摆脱苦难，免除灾祸，得到福报，死者能够得以超度，获得光明未来。这对于当时社会各个阶层都有着很大的吸引力，尽享荣华富贵的统治者期望他们的富贵尊荣长盛不衰，而对于饱受压迫的底层百姓、无力摆脱苦难的普通劳动者和受难者来说，期盼由此可以摆脱苦难，获得自由，在精神层面获得某种慰藉。

千佛崖最南端第一尊造像是最著名的，为南平公主于显庆二年（657年）为已故的太宗皇帝祈福而兴建。南平公主是唐太宗的三女儿，唐高宗的姐姐。南平公主的丈夫刘玄意当时任齐州（今山东济南）刺史。这躯造像高约1.78米，面容圆润丰腴，嘴角眉梢流露出笑意，更显其秀丽和端庄；衣纹细腻柔美，给人以柔软之意。造像题记在龛东壁中间位置，佛座雕有精美的装饰图案。因佛像上方石沟顺水，底座侵蚀严重，佛像双手已经不复存在。

千佛崖中部偏南的地方是刘玄意造像。刘玄意，滑州胙城（今河南延津）人，刘政会之子，袭封渝国公，尚南平公主，授驸马都尉，唐高宗时为汝州刺史。佛龛呈方形，佛像体型饱满，垂足而坐，一手施禅定，一手施说法印，凸显出不拘一格的唐代审美。造像题记在龛东侧，刻有竹节状门楣，外部雕有健壮力士、狮子。

比之南部，千佛崖北部佛像分布较为稀疏，但有两大窟三躯大佛，且保存完好，令人心生欢喜。南面的大窟造像，上部双拱龛相连，中间有透空岩柱，迎门是两躯大佛，高约2.6米。从造像题记内容看，为唐太宗第十三子赵王李福于显庆三年（658年）为太宗所造："大唐显庆三年，行青州刺史，清信佛弟子赵王福，为太宗文皇帝敬造弥陀像一躯，愿四夷顺命，家国安宁，法界众生，普登佛道。"从这两躯造像看，选址较好，岩石完整，石窟深入崖内一米多，空间比较宽敞。两躯大佛俯首下视，面部丰满，眉清目秀，双耳垂肩，体态丰腴，盘腿而坐，双手置于腹前；身着袈裟，内衣在胸部打结，衣纹流畅优美。窟壁四周雕有小佛像和立菩萨，有刘操、王元亮等人写的题记。菩萨的璎珞精细而复杂，全身腰线轮廓欹斜玉立，生动活泼。窟门中间石柱上分布有小型造像，为永淳二年（683年）当地百余民众建造。静静欣赏，你会发现两躯大佛雕刻精美，气度非凡，雍容华贵，且通体敷有杏黄色，而窟壁小佛背光的朱色至今仍鲜艳可见。它们是千佛崖摩崖造像中的突出代表。

济南自古以来就是东方佛教重地，除了千佛崖摩崖造像和碑刻，还有不少遗落在山谷深涧中的石窟造像，如佛慧山石刻造像、东佛峪摩崖石刻造像、长清王泉村隋代摩崖石刻、长清石秀山北宋摩崖石刻、港沟镇云台寺摩崖石刻造像等。

其中最令济南人津津乐道的是龙洞佛峪的摩崖造像，素有济南"小莫高窟"之称。当年，隋文帝称帝后在龙洞东边建了一座寺庙，叫般若寺。因为峪中有寺，故此处称作佛峪。为了区别龙洞佛峪，玉函山的佛峪俗称西佛峪。寺院由院墙相围，形成幽静的院落，南侧路间可见一座四柱三楼式木结构彩坊，门额题写"佛峪胜境"。东、西、南三面崖壁之上，刻有上百尊大小不一的佛像和十三处隋代题记，雕刻时间为隋代开皇四年（584年）至开皇二十年（600年）。摩崖造像数层，大约20尊，最高者高1米，最矮者高0.4米。尽管存在漫漶不清或人为毁坏，佛像的整体轮廓依然能够辨认。比如，建于隋代开皇七年（587年）的五尊佛像，其中一躯是弥勒佛，另外四躯为释迦像。佛像脸颊丰润，拥有双重头光，螺髻，趺坐，中间位置的佛像身后绘制有两幅菩萨壁画。弥勒佛赤足踩莲花，左手施定印，右手施无畏印，祈福众生安乐无畏。还有一处唐代造像，佛像头部两侧雕有飞天，但莲花座毁佚，佛像两手残毁，让人倍感可惜。即便是这种残破不全的佛像，也比那些修旧如新的造像好得多，最起码没有涂脂抹粉的失真感。就像西边崖壁最底端的五躯佛像，一尊头部残毁难以辨认，另外四尊头部后期修补过，看上去极不协调。

龙洞佛峪摩崖造像残损不一，而那些石刻、题刻保留相对完整。唐开成二年（837年），寺内僧人与信徒110人为纪念大德和尚镌刻《大唐金刚之会碑》和《石弥勒像赞》等。举目四望，可见明清时期的大字题刻"林壑尤美""别有洞天""岩阿仙境""舍灵馆真"等。石头是贮藏时间的容器，也是生命的镜子。到了一定年纪，再看这些石刻，你会发现它们的好。它们不仅仅是书法，还是有灵魂的石头，横竖撇捺之间，有"法天地"，也有"正统道"，还有烟火气。如清乾隆年间，阮元数次探访佛峪，考察碑文石刻，并称赞道："久坐依盘陀，泉石交耳目。虽未携琴樽，情赏转幽独。"一个"独"字，流转出面壁沉思的静气。看着看着，好像我也提着一支毛笔，模仿古人的样子书写，或轻盈灵动，或粗朴似山，或顿挫幽咽，墨迹氤氲，涌出一条条生气淋漓的"游鱼"，或曰精气神。而那些没有留下姓名的匠人，在崖壁上凿刻之、咏诵之，与天地对话，不啻把向外扩展的理想刻入这喧嚷的人世间，散发出人性的光芒。怪不得鲁迅先生终生偏爱木刻和拓片，金石铿锵，在乎良知，关乎正气。

古人遗留下来的造像和墨迹，同时也蕴含着读书人的风雅和傲骨。济南历史文化丰厚，清泉淙淙流过山野，滋润万物生灵，也带来了袅袅诗意和寸寸芬芳。青山幽谷是佛峪，叮咚山泉响，和着琅琅读书声。清乾隆年间济南府的进士周永年、郝允哲、方昂就在此隐居读书，品茗吟诗，酬唱雅集。周永年（1730—1791年），字书昌，济南历城人，是我国18世纪著名的藏书家，创办我国首家公共图书馆——藉书园。他自称"林汲人"，在佛峪建有"林汲山房"，被后人称作"大儒读书处"。董芸在《广齐音·林汲泉》诗前小序中写道："周书昌师读书般若寺最久，学者称'林汲先生'。尝建茅亭于钓台上，曰'一草亭'。"每个人走进山野，都是有一定机缘的，周永年乡试不第，病中归隐，以"退"为"进"，在自然的臂弯里安放失意。他一边教书带徒，一边研习佛法，闲暇之时，与众好友用林汲泉的泉水泡茶、对饮，好不快哉。他被征入京纂书后，念念不忘在林汲山房的读书时光，便画了一幅《林汲山房图》以解乡愁。郝允哲与周永年是同学，他的弟弟郝允秀创作了大量关于在龙洞读书的诗篇，收录在《松露书屋诗稿》《水竹居诗集》中。郝允秀在佛峪的书屋叫作"松露书屋"，"君上钓台游，应怜台下树。树边林汲泉，是我读书处"。名人志士的登临与酬唱，为龙洞、佛峪增辉。

陈毅、王统照等人也曾走进龙洞，与佛峪结下不解之缘。正如刘大绅在《游龙洞佛峪二山记》中写道："林汲山房之名满天下，天下士至济南，有不问龙洞，而必求所谓林汲山房者矣。岂不以其人欤？"把心留在佛峪，是我们精神世界共同的归宿。

造像、碑刻，是诗，是画，是一眼千年的文化缩影。每躯石刻造像都是一本晦涩难懂的大书，又如一首荡气回肠的史诗，等待后人去勘探、欣赏，去发现、保护，这个过程最终是重新认识自己。抖落千年的尘埃，想象古人的生活方式，有着哪些烦恼和迷惘。眼前的这些石刻造像，用线条、衣纹、饰品、微笑以及题记讲给我听——是昨日的记忆，曾经的悲欢，亦是肉身所承载的"授记"，悲欢离合，生老病死，抑或是说，一个人的肉体究竟能够承受多大的痛。

抬头望着那些佛像，我觉得，佛像就是肉身的供养，是线条的腾挪与组合，传递的是无法用语言形容的卑微与苦痛、欲望与渴念，抑或是胜于语言的细微沉思与精神审美。目光对视的那一刻，我的内心起伏不定，以这种方式向他们合十敬拜，也是回到我们自身——肉身的觉醒，"是身如焰，从渴爱生"。

对现代人来说，我们需要觉醒的不仅是肉身，最关键的是灵魂。这正是我们一次又一次走进博物馆的深层原因。而我，在千佛崖摩崖造像面前，似乎能够从一凿一痕的佛像肌理中，读出另一种生命况味。在千佛崖摩崖造像中部，有一处群体造像，大小均匀，排列整齐，总共36躯。听当地人介绍，这些略显粗糙和简单的造像为当地村民集体所建，因当时久旱不雨，附近村民自发组织求雨仪式，果然得到应验，很快天降甘霖，村民们为了感恩集资修建了此摩崖，由此成为一道独特的风景。试想，那些夜以继日敲击石头的匠人，那些甘愿付出默默无闻的先人，也许他们没有多少文化，起居度日也十分贫寒，干的是苦力活，拿的是血汗钱，但是一旦劳动起来就全身心投入，哼唱着嘿哟嘿哟的小调，左一榔头，右一榔头，在叮叮当当的枯燥重复中，在日夜更替和四季轮回的循环往复中，不知不觉把一个人的思想和骨血敲进质地坚硬的历史大厦中。他们来自民间，又走向大地，甚至没有留下名字，他们就这样谦卑地由"我"变成"我们"，融入民间。就像《诗经》《古诗十九首》中的作者或采诗官，他们也没有留下名字。在这些没有"著作权"的石刻造像面前，我们理应低下高傲的头颅，看到人世间"微尘众"的生存困境，这才是应有的精神姿态。

"莫失莫忘，此物恒昌"，要想留住这些大美、这些瑰宝，我们必须有所行动。2015 年，山东省文物局联合一家文物古建测绘公司对千佛崖摩崖造像开展文物保护和修复工作，他们采用电子地图测绘、3D 打印等新技术，进行抢救性保护，避免因山体风化和雨水侵蚀带来的造像损坏，从而使文物延长寿命，真正传承给后代。但是，修复工作也面临诸多难题，需要我们驰而不息，共同努力。

千佛崖摩崖造像是独一无二的，其文物修复工作也是独一无二的。我无比期待，在不远的将来，这些宝贵的石刻造像能够登上"云"端，伴随直播镜头云游，让游客能够全方位欣赏。石头是有温度的，造像也能够动起来，在场景再现中我们可以自由自在地与文物展开心灵对话。

## 浮屠林立：墓塔林观塔

自四门塔向西，在神通寺遗址西北方向的白虎山下，有一片墓塔林，是唐、宋、元、明、清各代所遗留，为历代住持和有僧职之僧人的墓地，也称"祖师林"。

为了纪念圆寂的历代高僧，佛徒们根据他们的佛学修养、威望高低和生前成就，建造层级、高矮、大小不同的墓塔以示功德。塔林中现存墓塔46座，墓碑15通。著名古建筑学家罗哲文在其主编的《中国古塔》中如是写道："在许多历史悠久的寺院旁边，有成群的古塔，密集如林，被称为塔林。这些古塔是这一寺院中历代高僧和尚们的墓塔，有的几座，有的几十座，甚至多达几百座。寺院的历史越久，规模越大，塔林也越大，塔的数量也越多。"

中国佛塔的建筑材料以砖、木居多，样式千姿百态。常

墓塔林一角

见的墓塔多为楼阁式实心塔,构造简单,易于建造,其整体构造也与木质塔构造相同,基本上由基座、塔身、塔顶、塔刹四部分组成。塔林的选址多在寺院外围,距寺院1公里至3公里不等,一般有山有水,后高前敞。

在中国六大塔林排行榜上,山东占据两席,即灵岩寺塔林和神通寺塔林,其他四处分别是少林寺塔林、风穴寺塔林、青铜峡塔林和栖岩寺塔林。在建筑材质上,神通寺墓塔以石塔为主,辅之砖塔,石质墓塔上的浮雕花纹精致典雅、庄严肃穆,令人肃然起敬。

根据塔身和塔顶形状,神通寺的墓塔分为密檐式、阙式、幢式和亭阁式四种,或精雕细琢,或粗犷豪放,各有千秋,被誉为"古塔博物馆"。其中密檐式塔共有四座,均为砖筑,

墓塔林一角

其形制有六角形和方形两种。六角形砖塔有两座，其中现存较早的是元代神通寺住持善清的墓塔，共五层。塔身底层檐中刻着"清公山主之塔"，塔身西面有砖雕门楼，门楼由隔扇门、斗拱、檐枋、屋顶组成，雕工精细，极为讲究。其出檐下三层以二挑华拱承托，上二层为砖叠涩出挑，塔顶则用砖叠涩层层收进。另一座位于清公塔西北处，为云公塔，与清公塔形制相似，建于元代大德十年（1306年）。两座方形密檐式砖塔位于清公塔西南处，形制相对简单，一座塔基上刻有壶门，塔身均为素面；另一座塔的基座、塔身、塔檐顶全无雕饰。

神通寺塔林中还有两座极为罕见的阙式塔，被称为"阙形双塔"。据塔铭记载，一座系神通寺住持成公无为大师的墓塔——成公山主塔，为汉代阙氏风格，建于明代嘉靖五年（1526年）。墓塔全用石块筑成，下部是石刻束腰须弥座，上面雕有牡丹、菊花、葵花等图案，基座上置长方体塔身，塔身之上为石刻三层屋檐，全采用汉阙模式，既无塔刹，又无佛教图案，独树一帜。另一座是敬公寿塔，为石质墓塔，建于元代泰定三年（1326年），塔高约4米，基座呈须弥座式，座上置有长方形塔身，塔身刻有墓主的名字，塔身之上为石刻三层屋檐，屋顶为庑殿式，屋檐和屋顶刻出瓦垄、垂脊、斜脊、博脊等。神通寺阙式双塔在我国现存塔林中极为罕见，考古专家评价甚高。

再说两座南北并排在一起的亭阁式塔。在这片塔林中，最高大的石塔当属"贵公之塔"，平面呈方形，共三层。塔基座较低，为实心方形，一层塔身较高，四隅收分较大，其东面辟一拱形券门，门内为塔心室，塔心室内墙呈斜形，内顶为平顶，其上浅刻莲花图案。塔一层檐叠涩出挑三层，然后叠涩收进五层为檐顶。二层塔身的东面有龛，龛内刻有一座佛像跏趺坐，其出檐为叠涩出挑二层，再叠涩收进二层。三层塔身均为光面，出檐也是叠涩出挑二层，再叠涩收进三层。其上为塔刹，塔刹由二重宝珠、一重莲花、宝瓶和宝顶组成。从形制来看，建造年代不会晚于宋代。另一座亭阁式塔为"祈公之塔"，二层方形石塔，一层塔身上面为一块出挑一层的整石，其上为二层塔身，东面刻有"祈公之塔"四字，塔身上面置一刻出覆莲状的覆钵，覆钵以上以前或还有宝珠之类，现在全都失落无存。该塔也没有纪年，从形制上分析大约为宋、金时期。

墓塔林是佛教文化、中国传统文化和建筑艺术的结合体，是中国古代文明的瑰宝。每座佛塔都承载着丰富的历史文化内涵，从中我们可以感受到中国古代建筑的美学价值，也可以领略佛教艺术的魅力。在这些墓塔面前，我感受到生命的至痛，又获得了精神的抚慰，感受到生命的尊贵。当年，梁思成、林徽因专程来过，今天我又拜谒，穿越时空，我们共享了同一片历史芬芳。

驻足墓塔林，一阵大风吹过，地上的树叶被风裹挟，发出嘎吱嘎吱的声音，好像是历史深处的某种暗语。墓塔上的碑刻很多已经模糊，斑驳迷离。今日重温，亦是展读半部四门塔史书，在转身回望中留下深情一瞥，让我在想象中与四门塔那些已然消失的墓塔相叠印，或许这是另一种抵达圆满的方式。

# 戏说春秋：唐代台基"燕乐"犹在耳畔

每一次考古发现，都是对未来的重新定义；每一次历史回望，都是对自我的重新认知。正如费孝通在《乡土中国》中所写，"我们不但要在个人的今昔之间筑通桥梁，而且在社会的世代之间也得筑通桥梁，不然就没有了文化，也没有了现在所能享受的生活"。我们了解文物，既是为了探究一座城市不平凡的历史，关注这座城市的现在和未来，也是为了更加热爱生活，活在当下。

1964年，济南市文化局在神通寺遗址西北隅、白虎山东麓"祖师林"东北部清理一处倾倒的墓塔时，发现一处古代的建筑台基遗迹，其壶门上雕有浮雕伎乐等艺术形象。据考证，此处台基系唐代所建。20世纪七八十年代，济南市政府划拨专款对台基进行加固维修，在台基门上安装防护玻璃罩，在其西、北两面增建游廊和方亭。这样不仅很好地保护了文物，也为广大游客增添了休憩和乘凉的好地方。

这座唐代建筑台基，从建筑、佛教、艺术三个方面审视有着非同寻常的价值。台基平面呈长方形，最深处距地面1.40米，东西两面边长12.65米，南北边长10.77米，通高为0.75米，台上下各分对称三层线脚，皆无饰纹，砌成束腰须弥座式，束腰部分每面以隔身板柱分割为若干方格，出土时除了北面保存完好外，其他三面均有不同程度的破损。北面束腰，共有石柱15条，分成14界格，东面仅存1格，西面7格，南面3格，每界格中刻成壶门小龛，龛中刻有伎乐人物，操各种乐器，有拍板、琵琶、排箫、笙、腰鼓、长鼓、鼗（táo）牢、和鼓、正鼓、都昙鼓、鸡娄鼓、箜篌、阮咸，还有软舞、健舞、胡腾舞等舞伎雕刻。其中，乐伎13人，舞伎3人，还有共命鸟和手托孔雀的壮士。奏乐者均为女伎，坐在莲花座上，皆梳鬟，有的佩戴项圈、臂钏、腕钏等，背后大多有飘飞的巾帔，服饰华美，令人赏心悦目。

台基整体雕刻线条流畅，栩栩如生，堪称中唐雕刻艺术的精品。仔细打量这些伎乐人物，有些面塑泥人的鲜活感觉，又与芭蕾舞演员的曼妙身姿有几分相像。每一龛人物都不尽相同：台基西面南起第一龛为一持手鼓人物，右手持鼓，左手持桴，各置身体两侧。第二龛一人端坐于莲花座上，左手握于琵琶上部,右手拨弦,琵琶右高左低,身体亦微左倾。第三龛一人右腿跪地,左腿支起,腰间拴鼓,左手上举,五指平伸,右手下伸,持鼓桴正在击鼓。第四龛与第三龛大致相同,略有不同之处在于,只是左腿跪地,右腿支起,右臂上伸,左臂下垂,五指平伸,身体随势左倾而已。第五龛与以上均不同,只见一壮士端坐于座上,身躯魁梧,体态健壮,右手置于腹前,左臂擎起,手托一美丽孔雀。

台基北面从西数第一龛是一位舞者,身体摆动呈S形,右臂挥舞长袖至头上,头左倾,左臂随势挥向背后,右腿微抬,脚尖点地置于左腿后方,整个姿态极具动感,逼真且传神。第二龛是一人端坐于莲花座上,右手在上,左手在下,持箫于胸前,头微微低,正在聚精会神地吹箫。第三龛一人单腿跪坐,身体略转向东,双手持拍板置于身体右侧,高于头齐,头微左倾。第四龛亦是一位舞者,身体右倾,双眼圆睁,格外出神。右手食指与中指并起平伸,其余手指卷起,置于头上,左臂随倾斜身体自然垂下,长袖飘向身体后方。第五龛为一人双腿盘坐,身体右转,双手持吹角向东,腮部明显鼓起,给人一种嘹亮的号角声响彻耳畔的感觉。第六龛是一位弹奏阮咸的人物,侧身向东呈坐姿,左手食指做出扣琴弦状,

唐代台基

头轻轻靠于琴背，双目微闭，正醉心于弹奏。第七龛也是一人端坐于莲花座上，双手持排箫置于胸前，正在吹奏。第八龛为一吹箫人物，呈单腿跪姿，侧身向东，双手捧箫置于嘴前，腮微鼓，似在用力吹奏。第九龛为一位舞者，身体呈S形，正随着乐声舞动，身前挂满璎珞，双手持飘带挥动，美轮美奂。第十龛为一共命鸟形象，其上身为人形，却生有两头，下身为鸟尾，背后两侧有双翼，同时长有双臂，右手持飘带，举于头上，左手持飘带，自然伸向左下方，就像正在空中翩翩起舞，姿态优美。一身两头的共命鸟，是佛教中的吉祥鸟之一，寓意深刻。《涅槃经》中叫"命命鸟"，《胜天王般若经》中译为"生生鸟"，梵名为"耆婆耆婆迦"。共命鸟常伴随在佛祖左右。第十一龛，人物盘起的腿上，放置有一个腰鼓，长度等同于肩宽。左右两小臂向两侧平伸，手中各持有一鼓棰用于敲击。第十二龛有一人端坐，左腋下夹有一鼓，右手扬起，做拍击状，左手持有一葫芦状物向上竖起，像在摇动。台基东面只有一龛浮雕，是一位吹笙人物，端坐于莲花座上，双手抱着乐器，置于胸前右侧，头微左倾。

台基雕刻中常见莲花座，为佛教建筑中的重要装饰。莲，象征着佛。相传佛陀降临前出现八种祥瑞之相，其一便是池沼中突然开满大如车盖的莲花。后来佛陀从舌根生出万道光芒，每道光芒都化作千叶莲花，每朵莲花上都有佛盘腿坐说六波罗蜜，因而寺院里的佛像都是以莲花座为宝座，称为"莲花座"或"莲座"。莲花座分为四层，每瓣莲花除边缘处绘制白、红、白三条曲线勾边，还绘制图案。有的莲座在仰莲处不绘制花朵，只渲饰色彩，勾边图案。

将这些伎乐人物雕刻综合起来看，该乐队可能属于唐代燕乐中的"坐部伎"。所谓燕乐，是指隋唐至宋代，宫廷宴饮时，供人们娱乐欣赏的艺术性很强的歌舞音乐，又称"宴乐"。燕乐是南北朝以来在充分吸收少数民族和外国音乐基础上不断创新发展起来的，唐初时将燕乐整理分编为十部乐，唐玄宗时期整理分编为"坐部伎""立部伎"。

如果没有这座残缺不全的唐代台基，有谁能够想象出当年台上伎乐尽情舞之蹈之、歌之乐之的热闹的演出场景呢？几千年过去了，"燕乐"犹在耳畔回响，其声切切，其音清清，那是传统文化的历史呢喃，那是华夏文脉的薪火相传，永远不能也不会中断，这就是文物保护的重要性和紧迫性。

在《神通寺史迹综述》中，考古学家郑岩先生曾将唐代台基壶门发掘与1940年初成都前蜀王建墓出土的石棺床进行艺术比较和研究。王建墓石棺床与唐代台基有很多相似之处，比如，都是须弥座形式，三面刻乐伎和舞者，乐器类型同属于燕乐，而神通寺唐代台基所见九种乐器，石棺床也有，此外还有少量清乐系统的乐器。由此可以判断，两者在艺术风格上有明显的传承关系，但神通寺唐代台基修建年代要早，从遗址内出土的"开元通宝"钱，抑或说明其年代上限不早于唐开元年间。与此同时，郑岩先生还发现，龙门石窟的几处唐代石窟的佛龛上，同样雕有伎乐人物形象。比如，八作司洞三壁佛龛壶门中的伎乐人物，与神通寺唐代台基有相似之处，其年代多在唐代前期。特别值得注意的是，神通寺唐代台基壶门伎乐与龙虎塔的雕刻风格一致，由此证明两者是同一时代的艺术作品，在研究断代史问题上可以很好地相互印证。

后来读温增源的《神通寺基台伎乐雕刻初考》，我又产生了新的认识。《旧唐书·音乐志》中记载的龟兹音乐使用的乐器，在台基雕刻中都能找到。"神通寺基台四周除十八块雕刻外，尚有许多已经磨好而未来得及雕刻的空白小龛。很明显，这座基台的雕刻在当时只完成了一部分就不知是何原因而停工废弃了。那些未来得及雕刻的伎乐形象，可否猜想也是龟兹乐队中的成员呢？如果正是这样，那么可以设想，这个乐队演奏的是一种以西北边疆少数民族音乐为基础，又融合了中原内地某些音调而形成的音乐，亦即所谓'燕乐'风格的音乐。关于这种音乐的遗迹，以往在山东地区尚未见到，由此亦可见神通寺唐伎乐基台所具有的重大历史价值。"无论是从考古专业角度，还是从文化遗产保护角度，神通寺这座唐代台基出土文物的意义都是重大的，我们应该加大对它的保护和研究力度。

由唐代台基，我又联想到戏台。济南历史文化底蕴深厚，清末自开商埠以来，曲艺闻名海内外，与北京、天津并称为曲艺"三大码头"。论及曲艺相声，素有"北京学艺、天津练活、济南踢门槛"的美誉，是说相声演员只有在北京学艺、在天津小有名气后才敢到济南的茶社演出。清泉千年流淌不息，曲艺之风浸润市井，济南人爱听曲儿是出了名的。刘鹗在《老残游记》中写道："老残看了半天，无处落脚，只好袖子里送了看坐儿的二百个钱，才弄了一张短板凳，在人缝里坐下。"这段描述生动地再现了当年白妞、黑妞在明湖居说书的盛况。无独有偶，贩夫走卒为了听书甘愿请假，"老残从鹊华桥往南，缓缓向小布政司街走去……一路走着，一路盘算，只听得耳边有两个挑担子的说道，'明儿白妞说书，我们可以不必做生意，来听书罢。'又走到街上，听铺子里柜台上有人说道，'前次白妞说书是你告假，明儿的书，应该我告假了。'一路走来，街谈巷议，大半都是这话"。时光流转千年，不变的是根植于济南人血脉里的戏曲基因，而那些遗存或毁佚的戏台、戏楼，也成为一座城市的文化见证。

多年后我才知道，位于济南寿康楼街路南的题壁堂是江北现存最大的清代老戏楼。从泉城路北侧的鞭指巷一直向北走，经过将军庙街、高都司巷、启明街、双忠祠街，即可来到西公界街附近的题壁堂，门上挂有文物保护单位的牌子。题壁堂原本是升阳观的一部分。升阳观初建于清代康熙十八年（1679年），占地3750平方米，最初为供奉神话人物八仙之一的吕洞宾而建，又称"吕祖庙"。过去，题壁堂被用作学堂，办过吕祖庙义学（又称"义学"）。中华人民共和国成立前，题壁堂被改造成学堂，中华人民共和国成立后又成了学校。历史上题壁堂经历过多次扩建和修复。1905年，当地名绅张景堂等人捐资扩建题壁堂。20世纪90年代，相关部门对题壁堂进行大规模维修。2006年，修复了题壁堂外的回廊。2013年，题壁堂被评为山东省第四批省级文物保护单位，同时启动了大堂修缮保护工程。题壁堂的古戏楼为木质结构，由正堂、戏楼、三星楼、大罩棚和附属建筑组成，具有较高的建筑艺术价值。经过保护性修复的灰瓦飞檐、朱门木槛、精致纹饰，均显示着当年戏楼的精美绝伦。想想，梁启超到此发表过演讲，孙中山也来过，梅兰芳在这里演过戏……观众在台下看的是戏，也是百年岁月锤炼过的悲喜人生。

　　当下，我们青睐"数字敦煌""云游敦煌"的精神盛宴，我们乐见故宫"石笈宝展""夜游故宫"以及"故宫文创"的文化气象，但是，我们更期待家门口的历史文化遗产，如壁画、石窟、摩崖、墓塔、碑刻、台基等，能够得到保护与开发。当然，这些不只是简单的"云"展览、数字化，更多的是让这些"宝贝"活起来，让文物开口说话，通过数字技术让像唐代台基这样的燕乐演奏场景再现，带领人们近距离地走进那段历史。就像习近平总书记强调的那样："让收藏在博物馆里的文物、陈列在广阔大地上的遗产、书写在古籍里的文字都活起来。"

# "神井三桥两亭"：四门塔的历史回响

来到寺院，就是抬腿跨进一条历史大河，与古人推心置腹，循着他们的生活足迹，找寻精神的寄托。我到过不少寺院，每回游览都会留心观察一些细节，比如石碾子、石狮子、老水井、钟鼓架、僧侣住房，以及牌坊、石灯等，它们隐藏着很多不为人知的信息。济南四门塔也不例外，石狮子、古碾子，还有"神井三桥"，即神异井、通圣桥、迎翠桥、涌泉桥，都值得我们探究。

不同于普通民居建筑，佛教寺院及附属建筑大都采用名贵建筑材料，精雕细琢，以保证坚固耐久、美观大方。中国佛教寺院建筑分为主体殿堂建筑、佛塔建筑、附属建筑三部分。寺院单体建筑，有山门、天王殿、前殿、塔院、大雄宝殿、法堂、大阁等，四周建有厢房，早期是围廊，中间有大小院子。寺院前面常有放生池、入门塔、大牌坊、大影壁、东西辕门、华表等建筑，威严壮观，华美大方。除此之外，还有一些物件，比如水缸、香炉、小塔、旗杆、石碑、焚帛炉。寺院内当然少不了大树，古树参天，枝繁叶茂。

四门塔风景区涌泉桥上的两座石狮由明代青石雕刻而成。东边一座为公狮，右足下踏一绣球，口中含有宝珠；西边一座为母狮，左足下踏一幼狮，张口露齿，显其威严，流露出保护小狮子的母爱的光辉。伸手摸摸狮子的头，再合影留念，相机定格住石狮的模样：两狮均为坐姿，怒目圆睁，朝外鼓突，形体极为相似，呈对称状，头部毛发自脊处分向两侧，背部毛发呈螺旋状，公狮尾巴从后面绕身体向前，经过右腿内侧伸出来从基座垂下，母狮尾巴经过左腿内侧。1971年，这对石狮子从济南老城区省府前街移到这里。

在佛教建筑中，狮子雕刻形象极为常见，一般在大小建筑群组中，都用石狮子

石狮

守门。石狮守门，寓意护法。北宋僧人道原所撰的《景德传灯录》记载："释迦佛出生时，一手指天，一手指地，作狮子吼，天上天下唯我独尊。"宋代孟元老在《东京梦华录》中也写道："开宝寺、仁王寺有狮子会，诸僧皆坐狮子上，做法事讲经，游人最盛。"由此，我不禁联想到，当年四门塔或许也举办过狮子舞、狮子会，僧侣坐在狮子上弘法，游人摩肩接踵，香火之气袅袅上升，那场面想来也是极为壮观的。

倘若说石狮代表勇猛精进、威武强壮，那么古碾子、石药碾等物品就是僧侣日常生活、劳作的物证了。在神通寺殿堂遗址右前方有一处古油碾底盘，相传这是当年四门塔僧人用来碾压油料、获取食用油的工具。油碾底盘平面呈圆形，直径约 5.3 米，采用 11 块花岗石凿成凹形，然后对接而成。此外，还遗有一个石药碾，由石碾、药碾、臼三部分组成，因破损严重，现在已经看不到石碾。药碾和臼也是由当地特产花岗石雕刻而成，药碾呈长条形，中间有凹槽，长约 1.66 米，宽约 0.45 米，槽宽约 0.38 米，深约 0.16 米。作为舂药的器具，石臼中部下凹，外部已经风化。

1973 年，维修四门塔时，工作人员曾在塔心柱位置发现舍利函及舍利，放置舍利的铜函中可见香料、药草。这些药物应是僧人用此处的石药碾手工制成的，不知道要耗费多少道工序，采集、晾晒、配方、碾制、装袋等，这些零碎而繁杂的工作也是非同寻常的修行。

除了必备的生活器具，寺院里还不能缺少水井。寺院若建在河边，就用河水；寺院若建在山顶，就用山泉。济南以泉水名闻天下，早年间泉就是井。明代晏璧曾作诗："齐城浅井不盈尺，一掬能令尘虑消。日暮儿童瓶汲处，芭蕉叶上雨潇潇。"3000年前，一位未留姓名的古谭国大夫写下《大东》一诗，"有洌氿泉，无浸获薪"，首次出现"氿泉"二字，成为最早记录济南泉水的诗篇；2000多年前，"（鲁桓）公会齐侯（襄公）于泺"，一个"泺"字，点出千年历史名城的灵魂。一脉清流，走过唐宋，转过明清，李白、杜甫来过，刘鹗来过，老舍也来过……济南以奔流不息的泉水坐实了它的美学江山和历史地位，而泉水也成为泉城最醒目的标志。四门塔内的涌泉，是当年僧人饮用水的来源，留存至今。过去这里曾有过一口水井，位于神通寺东北方向的一条河旁。这口古井从外观上看并没有什么特别之处，方形井口，底部用大青石砌成，井壁用圆形砖石砌成，井深约5.2米，水深约 2.6 米，水质清澈，甘甜，冬夏不竭。张天瑞撰写的《神通寺纪略》碑文记载："其处乏水，禅定之次，闻地下有水声，俾穿掘，果获甘泉，迄今以为神异井焉。"

溯流而上，水井文化由来已久。我们常说，背井离乡，村口或院子里的那口老井是浓得化不开的乡愁，是无法忘记的精神家园，也是流落天涯时背在身上的"袖珍故乡"。浙江余姚河姆渡曾发现水井，距今已经 7000 多年；在良渚文化发掘中也发现水井，距今已经 5000 多年；1990 年，章丘城子崖龙山文化遗址考古发现新石器时期几口古井的遗迹，井内可见打水的陶罐等物件，至今有 5000 多年的历史。

秦若轼在《济南水利漫话》中评价："城子崖城内普遍用井，这也说明了城子崖已是一座具有一定发展水平的早期城市。"2002 年，高都司巷考古现场出土一口井沿完好的宋代古井，由此可见在宋代济南已存在"家家泉水"的景象。

倘若给济南的泉井家族排排辈分，舜井、玉环井、罗姑井、感应井、圣井、老君井、佛公井等，排在首位的当属舜井。北魏郦道元《水经注》记载："古齐州（今济南）城东有山曰历山，山北有泉号舜井，东隔小街，又有石井，汲之不竭。"舜井，又名舜泉，是济南七十二名泉之一。今天的舜井，位于舜井街路西舜园门前，池呈井形，四周绕以石雕围栏，一根粗壮的铁链拴在井沿边，寓意"舜井锁蛟"，井边立有元至治三年（1323年）的迎祥宫碑，为张起岩撰文书写。听老济南人说，过去舜井经常发大水，能一直流到当时的巡抚衙门，涨水十余日才能停止。历史上，舜井的名气很大，曾赢得欧阳修、苏辙、元好问、曾巩等名家诗赞。曾巩在《舜泉》一诗中写道："更应此水无休歇，余泽人间世世传。"

如果说舜井是风雅济南的一个破折号，那么神异井则是神通寺留给后人的一个感叹号，这是因为它的灵性附着在三座小桥上，或者说，桥因井而相依相恋，摇曳生姿。

先说涌泉桥，为明代建造的单孔石桥，桥长约18.8米，宽约3.5米。拱上两面各雕有斗形狮头，桥上东南面有栏板四块，内侧饰有壶门，有五根望柱，东面第一根柱子上雕有石狮。桥上西北面栏板为三块，有四根望柱，东面第一根柱子上雕有同样的石狮。两狮面对面相望。桥东面立有碑刻，为明万历郭邦霄所撰《建造涌泉桥记》。在桥下南面十米处，还有19尊隋代摩崖造像和一则宋人题记。

再说通圣桥，此桥是古代自济南至南山的12座桥坝之一。乾隆年间《历城县志》第八卷记载："由岱宗而北百余里，

涌泉

有寺曰神通，后秦时建。山川灵郁，殿宇恢宏，诸涧之水，汇自艮维，迤逦向坤而逝。旧有石梁，名曰通圣，僧残寺圮……但桥废未兴，舆情未愜，比邱觉满，卓锡于兹，慨然以兴造为任，精修苦行，诚积动人，十方君子，竞相施助。经始于嘉靖丙辰正月。落成于丁巳春三月。桥凡二孔，纵六十余武，横半之。计其费石以万计，土以千计，金以百计。遂使千载之废，一朝崇兴。"明嘉靖三十六年（1557年）《重建通圣桥碑》写道："桥凡三孔，纵六十余武，横半之。"后来，三孔桥只剩下一孔。作为附属建筑，桥的石料与四门塔相同，很可能是同一时期建造。1993年相关部门在原址上重建三孔

迎翠桥

桥，长约 11 米，宽约 2.4 米。1999 年重建神通寺大殿时全部拆除，我们现在已经看不到这座石桥，这一点有些遗憾。

最后要说迎翠桥，即青龙山下通往四门塔的那座石桥。清同治壬申（1872 年）《重修神通寺佛殿碑记》记载，"桥名迎翠，四面皆莲花之香，松影含青，九顶流柏之馨"，但该石桥早年毁佚。1972 年在原址上新建一座石桥，长约 14 米，宽约 2 米。

济南的桥多得数不过来，汇波桥、来鹤桥、水西桥、寿康桥、琵琶桥、起凤桥等，每座桥都像是从唐诗选集中跑出来的，美得令人心旷神怡。所有桥中，我经常念及鹊华桥。

清人刘鹗在《老残游记》中写道："到了鹊华桥，才觉得人烟稠密，也有挑担子的，也有推小车子的，也有坐二人抬小蓝呢轿子的。"鹊华桥始建于北宋时期，为单孔石质拱形孔桥，宋朝时此桥高逾数丈，桥孔也很高，约与道路同宽。因百花洲而得名"百花桥"，也叫"白雪桥"。旧时，大明湖北岸的高大建筑少，没有空气污染，游人站在桥顶能眺望到济南北郊的鹊山和华山，遂改名"鹊华桥"。赵孟頫绘制的《鹊华秋色图》就生动地描绘了二山的美景，被后人称赞。今天的鹊华桥，坐落在大明湖公园东南门鹊华路的南端，桥体宏大，气势壮阔，五孔联拱，雅致美观，桥的两侧刻有栏板和望柱，石栏板为镂空石雕，石栏柱头为云龙浮雕，精巧的造型，引得游人驻足。

在古代，凡是有水井的地方都供奉龙王爷，有龙王保护，井水才不会干涸。因此，一年一度举办节庆活动的时候，都要在水井旁边供奉"井泉龙王之大王"的神位，寺院僧人对着院中水井念经，上香拜谒。

水井是吉祥的象征，有水井的地方必有井亭，这几乎是寺院建筑的"标配"。井亭平面为方形，四根支柱支撑井亭亭顶，上做四坡或歇山顶，看起来十分壮观。寺院在井亭四

青龙亭

柱之间安装门窗，镶嵌玻璃，以防沙土飞扬。

四门塔内有两处井亭，一处是青龙亭，一处为白虎亭。这两座亭子系明代建造，原址在山东省政府院内，1972年把因故需要拆除的这两座亭子挪到了四门塔风景区内，一东一西分别置于神通寺遗址两侧的青龙山和白虎山半山腰，因此又叫青龙亭、白虎亭。两亭一左一右，呈对称状，且形制相同。亭子平面呈方形，建有内外两排柱子，外檐柱为八角石柱，承托上下檐，檐柱和金柱均为双向内侧脚，亭顶为重檐歇山十字脊，下檐石外柱上置额枋、平板枋、斗栱，其上再置木椽、

白虎亭

望板及黑瓦件，房架为斗八式，中有雷公柱。亭子内部的彩绘均为搬迁后新绘，两亭柱子内侧、檐柱为八角石柱，线条构造具有显著的明代建筑特征。

一狮一碾一药，一井两亭三桥，都收藏着历朝的风雨，沐浴着文化的清风。在长风吹过的千年时空里，我仿佛聆听到井壁洞口上哗哗的水声，僧人提灯月下过桥的脚步跫音，雨后竹叶翻身做梦的沙沙作响……无穷的时间里，包含着无穷的物，无穷的物里，又传递出古老的呼唤与喟叹。那是生命的证悟，那是灵魂的呢喃。

## 碑刻里的流金岁月：另一种生命的对话

出版第三本书后，我喜欢上了碑刻。到一个地方去，喜欢将当地的碑刻拍下来，再仔细对照研究。比如，长清灵岩寺有两块碑刻，分别是李邕的《灵岩寺碑颂并序》和邵元和尚的《息庵禅师道行碑记》，我就非常喜欢。其文字背后有很多故事，读来颇为有趣，令人大开眼界。

艺术家巫鸿在《时空中的美术》中说："从一开始，立碑就一直是中国文化中纪念和标准化的主要方式。若为个人修立，则或是纪念他对公共事务的贡献，或更经常的是以'回顾'视角呈现为死者所写的传记。"在一座寺院里，常常建造碑楼、碑亭或碑廊，然后安放石碑，供人观摩和欣赏。

除此之外，还有两种立碑，一种是在佛殿内立碑，譬如，大雄宝殿、前殿、中殿、后佛殿、毗卢殿、韦驮殿、伽蓝殿等。另一种是在寺院的庭院、甬路两旁、寺院围墙边缘处立碑。因寺院的面积大小不一，所以立碑的位置也各不相同。一般来看，凡是名寺、大寺常常请书法名家来撰文或书写碑文。因此，我们常用的字帖也有很多取之于石碑。还有一种造像碑，上面雕刻以佛像为主的画面，造像碑有尖形、圆形，雕刻方法有浮雕、半圆雕、半浮雕、浅浮雕等，看起来非常美观。

一般来说，造像碑是由信士赠送给寺院的，属于供养品。中国造像碑盛行的时代，是南北朝时期，北魏帝王大力弘扬佛教，开窟造像之风大兴，造像碑也随之兴盛起来。这些造像或造像碑大都有题记，不仅记录了当时的社会发展情况，而且保留了古代的书法艺术，具有重要的史料价值。龙门石窟就是北魏书法艺术的精神宝库之一。

济南府学文庙里的碑刻，让我印象深刻。济南府学文庙始建于北宋熙宁年间（1068—1077年），历经多次重建，为山东省文物保护单位。大成门的西侧立有一块石碑，刻有"龙门"二字，用繁体一笔写出，寓意学子鱼跃龙门，步步高升。碑刻高221厘米，宽82.5厘米，保存完好。根据碑上记载可知，此碑立于清雍正七年（1729年），草书上侧的题记清晰可见："龙门字在岷峨奥区中，刻于悬崖峭壁之上，既无纪年，亦无姓氏。其结构精严，笔势夭矫，迥非意想所及，望而知为仙笔。山阴金公守眉时拓之携归，后守兖

"龙门"书法碑

郡,因勒于学宫。余曾摄篆郡博用,拓数本藏之松篋。今迁济南,因与虚斋张公同立贞珉,公诸同好。愿我学人顾名思奋,飞腾而去,庶不负镌石之意云。"查阅资料后获知,"龙门"二字最初是在四川眉山,雕刻在悬崖峭壁上,兖州知府金公喜欢这字，就依据拓片刻于兖州文庙。李大受在兖州任官时得到几张文庙"龙门"的拓片，后来改任济南府学教授，便将"龙门"刻在了现在的石碑上。眉山和兖州的碑刻已经不复存在，所以这块石碑尤为珍贵。

四门塔风景区内也有石碑或碑刻，我常会遇见文物爱好者静静地在碑刻前拍照或抄写，那沉浸式的出神模样与寺院的幽静环境浑然一体，冥冥中引人入定。其实，平日里读手帖或拓本，与见到实物是截然不同的两种体验。

作家祝勇曾分享过一个故事。很多年前，他有一件《潇湘竹石图》的印刷品，观感不好。后来在中国美术馆看到真迹时，那一刻他几乎可以听见自己的心跳声。他在《在故宫寻找苏东坡》一书中写道："此刻，我终于跨过了时间的屏障，站在了这幅画的面前，就像站在真实的苏东坡面前，不再被时间和距离所阻隔，所以直到今天，我依然记得当时的激动。"我在四门塔碑刻前驻足，也有这种感觉，顿觉自己的渺小与无知。那一块块碑刻，氤氲出历代的风雨变迁，传递出丰富的历史信息，其身世、经历、情怀、风骨等，供后人慢慢品读。

神通寺遗址前后的台地上，有元、明、清三代的碑刻十几通，这些碑刻记载着神通寺的发展史和历代长老住持的功德史。比如，兴公碑之《敕赐神通寺祖师兴公菩萨道德碑》，云公碑之《通理妙明禅师淳愚长老云公碑铭》，祖师殿碑之《神通寺重建祖师殿记》，康熙重修神通寺碑之《重修神通寺碑记》，等等。

神通寺殿堂遗址东南有一处刻有《重修神通寺碑记》的碑，立于康熙五十七年（1718年），双鹤对飞碑额，碑方形，碑阴为题名。碑高为1.9米，宽为0.8米，正书12行，薛培桢书丹。碑文内容为：

> 省会南鄙，有镇名曰柳埠镇也。镇之东北，寺名曰神通寺也。四面皆山，层峦翠蔼，蔚然深秀者，锦阳川也。川之阳，回峰路转，翼然耸出，则古刹神通寺焉。其寺不知创自何年，重修在元世祖之至元、成宗之大德，明世宗之嘉靖，碑文可考。然胜迹难以枚举：环寺之左，青龙山、四门塔、九顶松；寺之右，白虎山、千佛岩、藏经阁。乔木荫郁，鸟鸣笙簧，邃幽深靓，洵养神清心之所。迨年更代易，苍烟荆棘，颓垣荒墟，非复昔日金碧辉煌，高甍巨桷者矣。烟熏火炙，难辨如来、罗汉，风吹雨剥，谁识将帅、天王？白马悲鸣，

璃灯无焰，有僧人讳道远者，目睹心伤，谋诸乡者，又思重修，众亦乐义举，喜为捐助，或金拂伽蓝，或宝装猊座，或带镇拓提，或粟贮香积，庙貌鼎新轮奂。兴工于春，告成于秋，碻砥晋题，芳声宜播，于奕年。乡有曰不可无记，以启后人也，问记与予，予愧不文，聊为记。

时皇清康熙五十七年岁次戊戌冬季之吉立。

历下岁进士石嵩龄、祝三氏撰文。

儒学庠生刘良全阅，薛培桢书丹。

济南府历城县捕庭加一级张铨。

主持僧人道远。

徒弟：兴长、兴寿、兴法、兴云。

侄：兴旺。

孙：龙孝、龙忠、如圣、龙吉、龙起。

清代金石学家叶昌炽提出石碑有"七厄"：一是洪水和地震；二是以石碑为建筑材料；三是在碑铭上涂鸦；四是磨光碑面重刻；五是毁坏政敌之碑；六是为熟人和上级摹拓；七是士大夫和鉴赏家搜集拓片。除却洪水和地震，其余皆为人为损坏。不难看出，碑刻在流传过程中造成的"残缺美"

是一种必然,这让我们不由得感叹时间的造化。好的碑刻绝对是艺术珍品,集书法、美术、雕刻、文学等于一体,就像《重修神通寺碑记》,称得上是一篇散文佳作,读来令人身心愉悦。似乎,我不是与那位书写者对话,也不是与那个朝代对话,而是与那个朝代直立行走的寺院对话,以及寺院里的晨曦、夕阳、灯火、星光、鸟鸣、狗吠、溪流、泉水、炊烟对话,在对话中触摸大地的脉搏,感受自然的温度,从而看清生命的本质。

还有一块重要碑刻——《重修九塔观音寺记》,立于九顶塔保护院内台下右侧,为明代嘉靖年间著名文人许邦才撰文,李攀龙手书。石碑原文为:

德府右长史、奉政大夫、前知直隶真定府赵州事,邑人许邦才撰文

钦差提督学校陕西等处提刑按察司副使、中宪大夫,邑人李攀龙书

泰山北下,麓野之间,有地曰齐城,有山曰灵鹫,有川曰锦阳,峰峦复合,林荟苍郁,周距郡邑皆百余里,称异境云。寺建于此,莫知其昉,历考寺碑,惟得唐天宝十一年大历十四年之文为

古，然曰重修，则犹非其始也，意必建于隋梁之间而无稽据。逮我皇明则有弘治十三年重修九塔观音寺之碑，而寺名有定征矣。嗣是历武庙暨今上握宝历之戊午则复六十余祀矣，岁月风雨消铄而靡渐之，于是梓或就朽，甓或就蚀，石或就泐，泉或就泥，饰之金碧，画之丹黝，□被之缋绣则类就凋落而渝旧矣。寺僧了谦者一日恻然而叹曰："物无常新，功贵有继，不名有胜，寺何由兴？不有缮缉，兴焉可久？"乃奋肩其役，费视其积，以匮为期；劳视其力，以毕为期。施听于人无必募，成听于天无刻素。经始于嘉靖三十六年二月初二日，抵四十一年十月初十日告成矣。正殿竣，别事殿者三：曰伽蓝，曰祖师、钟楼。功倍于创，塔制无加于昔。前圣水泉既浚，后佛石龛亦涤。则朽者挺如，蚀者瑟如，泐者缜如，泥者冽如，凋落而渝旧者焕如灿如，辉辉煌煌缃缃如也。于是瞻礼俨俨，禅梵恬恬，钟磬訇訇，旃檀芬芬，慈云花雨，翩翩油油，祈谒而集游者绳绳轰轰（门内三车）而不绝矣。予前岁同李于鳞氏过神通寺，闻兹寺之胜，即欲一造，未果。及昨岁由柳浦镇乃克登诣，境迳斗绝，色相岑寂，昙霭毫光，恍惚时出，宜其僻而不废也。其塔一茎上而顶九各出，构缔诡巧，［他］寺所未经有。又左有观音寺碑一座，与塔对峙，暗然古色，似始建所置，故寺名九塔观音，殆出于此。因与寺僧咨□□□请予二人者为记，于鳞氏以属予，予曰："于鳞，今之王简栖也，尚不为此，顾予乃可乎哉？"及今春，复有南山□□时同游刘子子芳复为之请，既不能谂于鳞，故特直述其始末如左方矣。

大明嘉靖四十一年岁次壬戌孟冬吉日建立。

石匠宋文皋、张守惠镌。

一一读来，行文流畅，文辞凝练，记叙清晰，令人难忘。碑文中有些字变得模糊甚至缺失，但残缺也是一种大美，墨书残碑，斑驳字痕，里面蕴含着历史语言和精神密码。

鲁迅当年临摹汉代的《郑季宣残碑》，他将拓片上能辨认出来的字和残缺的字逐一临摹后，又把辨认不出的字用方框来代替，能根据残字辨认出来的，除了把字补写完整，还在外边画个方块，这种抄录方法使整个作品变得非常生动，拓片上的"金石气"融入书法作品当中。在李攀龙的这篇碑文中也是如此，残缺的字也是碑文的重要组成部分。

李攀龙（1514—1570年），字于鳞，号沧溟，济南府历城（今济南市历城区）人。明代著名文学家，与谢榛、王世贞等倡导文学复古运动，被尊为"宗工巨匠"。年少时，他与同邑许邦才、殷士儋是同学，志趣相投，经常课后约着去山涧丛林吟诗作赋。他们的足迹遍及开元寺、千佛山、灵岩寺、神通寺等地。因此，这篇碑刻极有可能是李攀龙和许邦才共同实地考察和深入切磋后完成的。

读碑刻也是一种修行。每次读碑刻，我总会被它所传达的信息所震撼。如《重修神通寺碑记》，再现的是重修事件的始末，展现的却是我们内心的修补与完善。那支饱蘸墨汁的笔，立住的是"此身"，历经动荡波折后的重新站立，回过头来坚持做自己的铮铮风骨。因此，字里行间隐匿着一个如血如泪的美学江山，一座风雨无惧的精神家园。那是所有人的精神血统，那是我们共同的灵魂根柢。

从四门塔回来，我找出蒋勋的《手帖：南朝岁月》，翻着翻着，情不自禁地溢出泪水，书中的一段话在我的心头猛烈翻腾："南朝毕竟过去了，美丽故事里人物的洒脱自在随大江东去，只有残破漫漶的手帖纸帛上留着一点若有若无的记忆。那是残酷到无法想象的年代，那是号啕大哭的年代，那是人性被摧毁绝望无告的年代，痛到心被贯穿，痛到肝被贯穿，痛，却无可奈何……在他们充满艰难、困顿、折辱、剧痛、磨难的生活境遇中，仍然努力地活出自我，更相信文化是可以长久传承的理想，相信手写的墨迹斑斑可以传递美的生命信念，并为'美'作最后的见证。"

是的，无论手帖还是碑刻，异曲同工之处都是心灵的翻转，精神的升华，灵魂的呼吸。碑刻里的斑驳岁月，如绽放的花瓣，一片一片，漫天飞舞，如梦如幻。这里面有含泪的坚守，有不屈的脊梁，有赤子的情怀，还有供我们安顿身心的精神空间。通过这种方式与古人对话，照鉴未来，亦能够从中寻到一座千年古塔屹立不倒的精神密码。

## 耸立的骄傲：石塔里的"涌泉相报"

意大利作家伊塔洛·卡尔维诺在《看不见的城市》里写道："城市不会泄露自己的过去，只会把它像手纹一样藏起来，它被写在街巷的角落、窗格的护栏、楼梯的扶手、避雷的天线和旗杆上，每一道印记都是抓挠、锯锉、刻凿、猛击留下的痕迹。"可见，城市的过去，全部隐匿在细节里，等待后人去勘探和发现——每个济南人的心底都刻着一个小篆体的"泉"字，泉是根柢，是血脉，也是生生不息的力量。滴水之恩，涌泉相报，早已成为济南这座城市的精神标志。

在四门塔风景区内，有一处饱经沧桑的送衣塔，位于神通寺遗址西侧白虎山南麓半山腰的涌泉庵东侧。它没有龙虎塔的名气，也没有四门塔的声誉，但是，在当地百姓心中却有着非同寻常的地位。

一眼望去，送衣塔与四门塔造型非常相似，就像是四门塔的"翻版"，造型古朴，简洁大方。塔平面呈四方形，为单层亭阁式佛塔,全部用大块青石砌成。送衣塔由塔基、塔身、塔顶三部分构成,总高4.16米,塔基高0.55米,塔身高2.15米。塔身中空,南面开一半圆形拱门,形成塔室;塔室顶部为盝顶式藻井,塔室内原有一尊佛像,1996年被盗,至今未找回。别看此塔较小,塔身雕刻却极为讲究,工艺精湛,塔身上端顶部叠涩挑檐三层,又叠涩收回三层石板,成四角攒锥形塔顶,令人惋惜的是塔顶损坏严重。

每座佛塔背后都藏匿着许多不为人知的故事。我们走近佛塔,与文物进行心灵对话,伸手触摸那段历史,从古人生活的细节褶皱里打捞一部分真相,聆听他们的"记忆"。

送衣塔,源自一则孝行济南的民间传说。相传,明代时这里住着一对父女。父亲过去在朝廷做官,因年事渐高,又秉性耿直,看不惯当时官场上的尔虞我诈,于是去神通寺出家做了和尚,虔诚念佛,从此远离官场和世俗烦恼,人称"兴公和尚"。女儿为了照顾父亲,毅然选择随父亲来到柳埠,在神通寺西侧的涌泉庵削发为尼,法号"明喜"。就这样,明喜一边修行一边照顾父亲。

涌泉庵始建于齐梁之间,山清水秀,林木茂密,庵堂曾经兴盛一时。到了明代,庵堂出现衰败之相,残破不堪,香

送衣塔

客稀稀落落。明喜来到这里后，不仅要照顾好父亲，还立志弘扬佛法，重修庵堂。后来，她成为涌泉庵的住持，虔诚向佛，乐善好施，四处弘法，受到周边善男信女的敬仰，庵堂的香火逐渐兴旺起来，香客络绎不绝。明喜用化缘所得及施主捐赠的善款重修庵堂，重塑佛像，还修建了涌泉池，使整个涌泉庵焕然一新。

由于受到僧、尼不便来往等规矩的限制，父亲日常需要拆洗和缝补的衣服，由小和尚送到塔内，明喜取出洗好、缝好后再放回，由小和尚取走。明喜以这种方式照顾父亲，直到父亲圆寂，这座塔就成为明喜尽孝的物证。后来，这座塔被人们称作"送衣塔"。明喜的孝心事迹和虔诚修行之举在当地流传开来。"在家为长女，出家为法子，随父同出家，一修成大意。诸佛真妙法，不变男和女，一心归净土，真十本不虚"，这段赞颂明喜的文字，相传是明喜弟子所写。明代诗人李攀龙也为其写诗曰："锦阳川上女僧家，红树萧萧白日斜。弟子如云人不见，可怜秋老玉兰花。"

送衣塔，其实也是报恩塔，传递孝道文化，赓续仁爱薪火。佛教传入中国后与儒家文化相互借鉴，实现了两种文化的有机融合。佛教倡导"报四重恩"，即父母恩、众生恩、国家恩、三宝恩，这也是各地涌现诸多报恩塔的缘故。南京秦淮河畔的大报恩塔，相传是明成祖朱棣为报答母恩而修建的，以高耸云日、通体琉璃、佛灯永明"三绝"著称,享誉海内外,就连没有到过中国的安徒生也把它写进了童话《天国花园》里,其影响力可见一斑。

在济南龙洞风景区内,有一座报恩塔,始建于宋政和六年(1116年)。龙洞的"独秀峰",乃是"济南八景"之首的"锦屏春晓",四周群山环抱,危峰壁立。龙洞早在宋代就被称为"历城第一胜景"。锦屏岩上有"金瓶""春晓"两洞,相传每年立春这天,有阳气冲出,干草枯枝随之飞扬。明代诗人刘敕称赞:"丹碧点缀,晓霞掩映,绚若锦屏。"龙洞下的深谷中,原建有寿圣院,古朴典雅,香火旺极一时,现已坍圮,只有寺内的银杏树挟着半边身子拥入历史的天空。

龙洞南侧有一座名为"鹫栖岩"的山,山顶处有一座报恩塔。此塔整体外观仿照西安大雁塔,七级石塔,四角方形,塔檐短而简洁,顶部球形刹,高约10米。听当地村民说,过去有个穷秀才赴汴梁赶考,没有书童跟着,也没有毛驴等代步工具,他只能徒步前往。有一天,他到了济南南部山区,路过寿圣院时,因饥饿困乏而晕倒,被一老和尚救了。后来秀才高中状元,赶来报恩,没想到老和尚已经圆寂。他懊恼不已,就在鹫栖岩上修建了一座报恩塔,以报答老和尚的救命之恩。塔身佛龛内供奉着观音像,塔正面嵌有建塔碑刻,即《报恩塔记》。

耸立的骄傲,蕴藉着传统文化的真谛,那就是孔子倡导的"仁者,爱人"。"羊有跪乳之恩,鸦有反哺之义",这种报恩是知恩图报,也是流淌在血脉中的基因。上善若水,泉生济南,类似的报恩故事俯拾皆是。过去济南城区没有自来水,人们吃水全靠自然水源,小贩们走街串巷吆喝道:"卖水咧!甜水卖咧!""还有要的嘛,没有就走喽!"水花打湿石板路,踩出一条条水胡同,也孕育出一段段街坊情缘。天寒地冻的时节,总有人默不作声地敲开孤寡老人或身体残疾的住户家门,主动帮忙打水、送水,忙活完了再去给自己家打水,这种守望相助的精神品格闪耀着人性的光芒。

济南百花公园西门有一处济南孝文化博物馆。进入大门,迎面可见新建的仿古祠堂,门额上是书法家欧阳中石题写的"崇孝苑"三个遒劲醒目的大字。从祠堂往北,不远处就是以"孝行天下"传颂千古的闵子骞墓。闵子骞,名损,字子骞,春秋时期鲁国人,孔丘弟子,孔门七十二贤之一。他的孝心故事被编入《二十四孝》中的《芦衣顺母》。孔子曾评价道:"孝哉,闵子骞!"闵子骞年幼丧母,父亲再娶,又生下二子。

继母为人刻薄，对三个孩子区别对待，闵子骞经常食不果腹。冬天，继母把芦花塞到棉衣里给他穿。一次外出，闵子骞冻得翻了车，父亲扬起马鞭打他，结果打在了他的棉衣上，露出芦花。父亲明白真相后欲休妻，闵子骞苦苦哀求说："母在一子寒，母去三子单。"继母听了泪流满面，从此痛改前非。为了纪念闵子骞的孝行，济南有一条以他的名字命名的道路——闵子骞路，还通过壁画等方式弘扬他的孝道。

无独有偶，长清孝里因"郭巨埋儿"的故事也闻名在外。孝堂山海拔不高，坊间传说孝子郭巨埋葬于此。东汉时期郭巨逃荒到孝里，住在孝堂山下，母亲总舍不得吃饭，把仅有的食物留给孙子吃。眼见母亲骨瘦如柴，性命堪忧，郭巨深感不安，觉得养育孩子会影响供养母亲，两人只能养活一人，于是夫妻二人商议将儿子埋了，节省些粮食供养母亲。孰能想到他们挖坑时竟挖到一罐金子，附有朱砂帖子"天赐孝子郭巨，官不得取，民不得夺"。他们的孝行义举感动了上苍。至今，孝堂山上保存的东汉时修建的孝堂山郭氏墓石祠，乃是中国现存最早的地面房屋建筑，祠堂内四周墙壁上刻有精美的汉代石刻画像，具有很高的历史价值和艺术价值，1961

年入选第一批国家重点文物保护单位。如今，在孝里中华孝文化广场，可见郭巨雕像、孝经石刻、汉石祠画像、二十四孝浮雕等；用花岗石筑成的篆体的"孝"字，与周围花砖铺陈的篆体小"孝"字相映成趣，启示后人传承孝道，播撒崇德向善的种子。

余秋雨在《何谓文化》中袒露心声："我们区区五尺之躯，不知沉淀着多少善良因子。文化是一种感恩，懂得把它们全部唤醒。"不难看出，泉文化与孝文化相得益彰，又融为一体。建塔报恩是为了铭记，保泉护泉也是心怀感恩，这种风尚永不过时，在泉城大地上永远传承。

# 第三章 竹林听涛

## 不到柳埠，怎知禅意如许

大约是1985年的春天，诗人孔孚与众友人去南部山区游玩，当驱车来到柳埠时，他凝视着眼前的满山绿树和一涧清流，不知不觉中眼睛里竟蓄满了泪水。少顷，他自言自语道："好美好美，能在此结庐而居，该有多好！"

他们一行人采风的最后一站是灵岩寺。孔孚在这里留下了经典诗作《灵岩寺钟鼓楼前小立》，诗中写道："鼓不知哪里去了，只悬一口哑了的钟。这山谷多么寂寞，空有多情的风。"如今，吹过诗人的风又吹向我们，只是我们能否看见南部山区的自然之美？

每到周末或假期，自驾去南山成为很多济南人的首选，"去南山"也成为大家的口头禅。父亲曾在南山工作多年，上学时我经常去，因此对那里有着特殊而深厚的感情。暑假里，父亲骑着摩托车带着我去仲宫赶大集，去柳埠摘果子，去水库逮螃蟹……一路疾驰，后座上的我长发飞扬、裙裾飘飘，别提有多惬意了。

南山有个柳埠国家森林公园，也是四门塔所在地。很多人可能会问："当年高僧选在这里兴建寺院，一定是看重这块风水宝地吧？"这种说法不无道理。如果把南山比作济南的"后花园"，那么柳埠就是镶嵌在后花园上的一颗"绿珠"。绿，是它的特色和风格，亦是它的灵魂和风骨。它绿得可爱，绿得天真，绿得清悦，绿得没有章法……沁染着后花园里的一竹一泉，净化了游客们的眼睛和心灵。

什么是好山好水？著名作家刘玉堂曾说过："以我一个曾经是山里人的愚见，最重要的指标就是有水。山多高水多高，峪多长水多长，而这水，还必须是泉水，不能只是雨水或其他外来水……唯有好山好水才是好地方。"

南山是属水的，是泉水的发源地，泉是济南的灵魂，也是这座城的骨血和生命；而柳埠是属木的，青山绿水掩映，林果丰富飘香，滋养世代百姓。水性通人性，人性见本心，这心是草木之魂，是自然之心。因此，柳埠是一个让人来了就不愿离开的地方，是一个使人愿意抛下凡俗、交付心灵的驿站。

与其说当年高僧选择了柳埠这块宝地，不如说是柳埠的苍翠碧绿深深地吸引了高僧。

一般而言，寺庙选址都会在风景秀丽、绿树成荫的地方，以增加它的神秘感。正如著名建筑学家、梁思成的助手张驭寰所说："我经过参观、考察、拜谒，方知其中之奥妙。在奇异之地建寺是中国人的一种创造，而且是一种神秘的创造。这样的选址比较新奇，而且具有号召力，能使佛教理论神秘化，使人们坚信佛的神圣。可以说，在奇异之地设计建造寺院是一种文化创造。"其实，这也是念佛和修行的精神需要，选择往来行人较少的地方建造寺院才能实现一尘不染、脱离尘俗的效果。所以佛门弟子喜欢去山上建寺——山下建立下寺，山中建立中寺，山顶再建上寺，有"深山探古寺，平川看佛堂"之说。

柳埠东南邻泰安，北邻西营，距离市区25公里，是南部山区后花园的重要组成部分，也是济南市重点生态功能保护区。1992年，由国家林业部批准，柳埠国家森林公园正式建立。公园占地总面积2400余公顷，位于泰山北麓天麻岭、梯子山、跑马岭、油炉寨的山岭之间，地理优势明显，这一带山峰高耸，地势险峻，悬崖峭壁，沟壑纵横。既然这里被冠以"柳埠国家森林公园"的称号，自然有它的非凡之处和奇异之美，公园集山峦峰谷、泉溪飞瀑、人文景观于一体，形成了以大片竹林为主体，以自然环境为依托，以文物古迹为骨干，各种景观融为一体的综合性森林公园。

除了绿的底色，柳埠还有古的底蕴。所谓"古"，不是旧，而是因古塔、古寺而得名，其历史文化积淀深厚。从四门塔东村出土的龙山时期的石斧、石铲就见证了，至少在4000多年前，这里就已经有人类居住。到了春秋战国时期，这里既是齐、鲁两国交界地，又是军事分界线。留侯张良晚年在这里隐居，唐代开国大将秦琼在这里出生，明代诗坛领袖李攀龙在这里交友游玩……

高僧朗公在这里兴建神通寺，佛光普照南部山区，大地受到精神哺育，竹林禅院接踵而至，源源不断福泽后代，仲宫的洪福寺、南泉寺、普门寺、黄花山，锦绣川的大佛寺、朱老庵，西营的雨泉寺，柳埠的九塔寺、皇姑庵等名胜古迹保存至今，都是重要的文化遗产。用朋友的话说，"不到柳埠怎知禅意如许，不到四门塔怎知济南是福地"。

这里是一个绿色、天然的心灵氧吧。古树名木直插云霄，观赏性植物让人赏心悦目。据介绍，公园现有不同种类的树木近90种，如杜仲、丁香、石楠、黄杨、垂槐、紫薇、蜡梅、三角枫、藤萝等。置身茂密的树林，我情不自禁地想到苏东坡的诗句："与谁同坐？明月清风我。"当朋友掏出手机用软件识别树木的名字时，我心想，哪怕不知道也没有关系，就这样静静地与树木对坐，放空心灵，深呼吸，多么惬意，何必让电子设备闯入这清净怡人的环境呢！

我不禁想起《诗经》中的诗句，"关关雎鸠""呦呦鹿鸣""仓庚喈喈""鸟鸣嘤嘤""喓喓草虫""七月流火""南有嘉鱼""绿竹青青""蒹葭苍苍"……草木在唱歌，在跳舞，在与云朵招手，一切都是那么鲜活，一切都是那么元气淋漓。

远眺塔寺，群山挽臂；听泉低吟，虫鸣呢喃。任由清风洗心，这样的时光也是可以入诗入画的，这样的心境也是可贵的。很多时候，我们欠生活一个"慢"的节奏，我们欠自己一个"悟"的机会，这些都需要时间的独酿。真正地悟，需要打开心灵，交付自己，享受孤独，明白人生的真谛。因此，只有在自然中交付自我，在草木中照见本性，才能了悟人生。

这里是一处幽静纯粹的精神道场。蒋勋在《蒋勋说红楼梦》中写道:"中国园林的建筑可以说是建筑师、美学家和文学家共同完成的。"当我观赏四门塔、九顶塔的时候,想到最多的便是这里的工匠,用今天的话说,前人们打下的江山,供后人来欣赏。除了欣赏,我们还能学到些什么呢?

我痴痴地认为,森林公园里的一草一木、一泉一瀑、一桥一亭、一石一瓦,甚至包括那些听得见的鸟声啾啾,看得见的松鼠嬉戏,都是"音无之泷"——在佛号声、诵经声的日日熏染之下,被蒙上了一层神奇之光,兼具人性和佛性,变得奇异多姿,如入仙境。修行就在当下,就在此时此刻,听泉赏景话桑麻。在这幽深的树林中,在古寺溪涧旁,我们收获最多的,抑或是能够带走的,只有一颗清净而纯粹的心。

清代文学家张潮在《幽梦影》中写道:"春听鸟声,夏听蝉声,秋听虫声,冬听雪声。白昼听棋声,月下听箫声,山中听松声,水际听欸乃声,方不虚生此耳。"来南部山区,寻古人之幽,感受生活之美,鸟声、水声、风雨声,灌醉了耳朵,湿润了心灵。

不到柳埠,怎知禅意如许?柳埠有三塔,四门塔、龙虎塔和九顶塔,比较起来,四门塔最早,龙虎塔最美,九顶塔最奇,氤氲出袅袅禅意在人间。这份禅意是大自然的免费馈赠，是生命的拳拳恩典，还是送给心灵的珍贵礼物。

夕阳西下，晚霞满天，下山的时候我回头望去，发现此山已经变成另一座山了。

# 九顶松，四门塔的守护者

明代地理学家、旅行家、文学家徐霞客说过："五岳归来不看山，黄山归来不看岳。"黄山"无石不松，无松不奇"，可以说，无松树，不黄山，松柏为黄山增添了无尽奇趣。

在四门塔风景区，有一棵树龄最长的古树——九顶松。俗话说："寺老不无树，树多更古拙。"倘若没有九顶松，四门塔还是四门塔，但是着实会降低精神底色；倘若缺少九顶松，四门塔还是四门塔，但是一定会减少文化底蕴。

在山东很多地方，人们习惯把松、柏统称为"松树"。九顶松位于四门塔北侧，是一棵侧柏，科别属于柏科，距今已经1900余年，却依然枝繁叶茂，葱茏叠翠，遒劲挺拔，生机无限。据说，此树种植于隋大业七年（611年）。树高16.8米，树围5.5米，顶端分生九股粗壮的巨大主枝，因而被称为"九顶松"，也叫"千岁松"。听当地老人说，当地方言中"柏"与"悲"同音，比较忌讳，且自古以来松、柏不分家，老百姓为了讨个吉利，称柏树为"松树"。所以便有了"九顶松"的叫法，口口相传，延续至今。

关于九顶松的来历，还有一个美丽的传说。从前，九顶松是一株高大挺拔的柏树，某年某月的一天傍晚，从远方飞来一只五彩缤纷的凤凰，栖息在这棵大树上。黎明时分，当神通寺的和尚敲响寺院内的巨钟，咚咚，咚咚，洪亮的钟声惊飞了树上的凤凰。凤凰惊慌失措，起飞时用力过猛，曤的一声，蹬断了粗壮的树干。然而，过了一夜，这棵柏树竟然从折断的地方长出九股粗大的树杈，从此生长速度惊人，长势比其他树更加可观，因而被称为"九顶松"。

据《历城县志》记载，清末民初，当时政府就非常重视对四门塔一带古树的保护，做了大量工作，对破坏古树的行为严惩重罚。1984年，济南文物部门在古树周围安装了长11.2米、宽8.7米、高1.3米，由139根直径11厘米的方形"柳埠红"花岗石构成的围栏。凡是到此参观的游客，都会有两个不约而同的动作：拍照，赞叹古树的大而奇；祈福，将写有名字的丝带或吉祥锁挂在大树枝丫上，祈求心想事成，吉祥顺意。日积月累，吉祥锁反而成为遏制古树生长的一道道"枷锁"。2003年7月，四门塔管委会决定移走这些吉祥

九顶松

锁，并清除了护栏内的石板路，恢复绿地原貌，同时采用护栏封闭树根。

济南古树档案记载：截止到2019年，济南存有古树名木单株33348株，古树群47个，分别属于32科55属80种。具体来说，在三万多株古树名木中，四门塔九顶松与五峰山公孙树、千佛山唐槐、高路桥楷树、檀抱泉青檀、幸福柳、唐板栗王、九龙奇松、宋海棠、甘泉村流苏，摘得济南"十大树王"称号。显而易见，九顶松位列济南古树"排行榜"第一，不仅因其树龄长，更多的是其树种稀有，以及历史积淀深厚，拥有难以估量的历史和人文价值。

古树之古，在于时间的凝聚，在于智慧的沉淀。梁实秋曾说，20世纪30年代的北平，人们讥笑暴发户是"树小墙新画不古"，言外之意，你有钱可以盖房子，但是不能再造一棵古树。一棵古树就是一座历史博物馆。古树之古，是生命体，是根与魂。九顶松，"九"谐音"久"，象征长长久久，绵延长寿。就像它的枝繁叶茂，远处望去恍若大朵大朵的绿云，近处注视又像从地下涌出的喷泉，粗壮的根脉，苍翠的枝叶，射向天空，再四散垂落下来，飞溅到寺院里。那密密麻麻数不过来的年轮，那纠缠如疙瘩的筋结，记录着人世沧桑，见证着过往的岁月。饥荒，战乱，动荡，似乎每经历一次朝代更迭，古树就会饱受一次肉体之痛，树皮上就会结出疙瘩；似乎每经历一次如刀砍、似水冲的雷劈雨打，古树就会出现新的裂缝疤痕，侵蚀空洞。而对于剥皮摘叶，大肆掠夺，九顶松定会怒火中烧，昂头抵抗，待风浪过后，依然保持不屈，巍峨伫立。

我始终觉得，结缘一棵古树与邂逅一个人，唯一不同之处在于前者比后者忠诚。从高空俯瞰，九顶松在半山腰上，与四门塔一南一北，千百年来相依相伴，彼此眺望。听朋友说，寺里僧人礼佛,当地百姓信树,经年累月流传着一种说法:一边虔诚许愿,一边围着九顶松树身正三周转圈,再反三周转圈,这个人就能心想事成。这种说法与隋文帝杨坚有关。相传,杨坚屡打败仗,一度心灰意冷,后来他在这棵树下许愿,之后果然得到灵验,如愿登基。杨坚称帝后封此柏树为神松。

我曾目睹一位年轻女子,推着儿童手推车,车里的婴孩在熟睡。她停下脚步,双手合十,在树下低声念着什么,那一幕场景让我感动万分。当然,我也在这棵大如绿伞的九顶松下许过心愿。那时,父亲处于病中,我默默许愿,希望父亲能少些痛苦。少顷,有阳光透过树缝直射过来,刺得我睁不开眼睛,我的祈祷似乎得到了九顶松的回应。站在这棵巨树下,我感受到生命的渺小,同时也感受到一种生机勃勃的活力。或许,每个在树下祈福的人,都是取经人,也是传经人,来来往往中,结善缘、得善果,葳蕤成生命的常青树。

有人说,想要香火旺,先要树木绿。是啊,护的是绿,守的是世代济南人的根脉,九顶松见证了四门塔千年不绝的香火。神通寺几毁几建,四门塔也历经多次重修,唯有千年不倒的松柏始终如一,古树也在诵经弘法的道场中结了佛缘。因此,古树比人见过大世面,古树比人经得住考验。当年释迦牟尼正是在菩提树下静坐证道,是古树给予他灵性和悟性,从而使他大彻大悟。而在这棵九顶松树下,当年不知有多少信徒围坐一起念经弘法,香火袅袅,清风习习,树叶沙沙,久而久之,连周边的万物也仿佛多了几分修为,如老僧入定,寂静无声。照射四门塔的阳光拂过信徒们洗得发白的百衲衣,发出金灿灿的温煦之光,落在塔檐上、浮雕上、树叶上,一阵风哗啦啦吹过,漫不经心地把这些带进了不远处的松风绿涛中,引人遐想。

古树之古,在于精神常青,见证岁月流转。著名作家梁衡爱树如命,为保护古树而长年奔波,他甚至能够分辨出树种来,"油松一束两针,白皮松一束三针,华山松一束五针"。他在《树梢上的中国》这本书中写道:"在伐木者看来,一棵古树是一堆木材的存储;在科学家看来,一棵古树是一个气象数据库;在旅游者看来,一棵古树是一幅风景的图画;而在我看来,一棵古树就是一本历史教科书。"可见,古树即历史,九顶松的历史亦是四门塔的心灵史。

像很多人一样,我弄不清是先有四门塔再有九顶松,还是先有九顶松再有四门塔,但是,有一点毋庸置疑,古树镌刻四门塔的故事,古树记录城市的变迁,古树里藏着精神力量——那是从印度传入中国后被本土化的佛教文化，那是由隋文帝报恩引发的精神绵延。从远处看九顶松，会使人想起长清灵岩寺大雄宝殿西北处的摩顶松。无论是四门塔九顶松，还是灵岩寺摩顶松，都见证了佛教文化的兴衰，都见证了济南这座城市的发展。

往事不可捉摸，未来难以企及，我们唯有活在当下。此刻，被阳光吻亮了的松柏又蒙荫于我，这好像是一场互通信息的对话；抑或生命本身是一种因果，教导我们学会慈悲。而东方文明和西方文明在这棵老树下结了因缘，也是一种对话。

我不由想起淌豆寺那棵1400多岁的银杏树。不得不说，在城市里生活久了，就喜欢出城探险寻幽，专门去人少僻静的地方放松心灵。淌豆寺是被遗落的一本唐诗册页，每年秋天，遍地金黄，层林尽染，美得像一个童话世界，令人流连忘返。

《历城县志》记载："李唐时屯兵于此，饷粮不给，忽于石隙间豆涌如泉，后人艳称其事。故号塘豆寺。"相传，李世民率大军东征路过此地，粮草断绝，仰天长叹，这时候，泉眼里淌出金黄的豆子，他们得到补给，精神大振。泉眼里淌豆子一事传到村里，村民喜出望外，拾豆子以度荒年。孰料—财主贪得无厌，赶走村民，举家挖泉，结果挖着挖着泉眼里没了豆子，一股激流猛然冲出，一家人东倒西歪，财主差点被水呛死。村民们再来看时，泉眼依然清泉涌动，塘豆寺从此改名"淌豆寺"。在今天看来，传说是否可信已不重要，重要的是流传下来的崇德向善的美德。

淌豆寺位于蟠龙山西侧，三面环山，坐南朝北。环形的山脉恍若太师椅，淌豆寺置身其中如稳坐江山。大殿依山而建，鎏金屋顶，飞檐走兽，两侧为楼台，东楼架鼓，西楼悬钟，二层可见红木门、玻璃窗、黄瓦顶，古刹银杏气如龙蟠，尽得风流。

银杏树结缘寺庙得益于佛教文化本身，当年释迦牟尼在菩提树下悟道成佛，菩提树便披上了一层神圣的外衣。由于我国北方的气候环境不适合菩提树生长，佛门弟子便改种银杏树。银杏树俗称"白果树"，素有植物界"活化石"之称，树体高大，寿命绵长，深秋金黄，衬托寺庙的庄重肃穆，与佛教文化相得益彰。这样我们就能够理解，为什么说古寺银杏昭示着佛教文化的兴衰。

除了淌豆寺，还有很多地方可以寻见银杏树，如灵岩寺有几十棵银杏树，最老的一棵树龄1600年；五峰山银杏树，距今 2000 多年，周围挂满红丝带，需六七个成年人才能合抱，是济南的"银杏之王"；仲宫街道北道沟村银杏树，寺庙遗址尚存，两棵银杏一雌一雄，黄绿相间，层次可见，距今 1500 年；港兴路白云观旁边的古银杏，也是一雌一雄，树枝粗壮，树杈之间能放下一张八仙桌，素有"夫妻树"的美誉。这正是：一泉一寺一银杏，移步成景美如画。如果说寺庙是一本书，那么银杏就是这本书的经典封面。

作家祝勇在《故宫的古物之美》序言中写道："600 年的宫殿，7000 年的文明，一个人走进去，就像一粒沙，被吹进沙漠，立刻不见了踪影。故宫让我们收敛起年轻时的狂妄，认真地注视和聆听。"望着九顶松层层叠叠的绿云波涛，我也有这种持久而强烈的感觉。倘若古树皆有灵，那么九顶松和银杏树就是我们的守护者，它们让我们敬畏、知止、感恩。

# 涌泉流过江北第一竹林

竹林与寺院好像是成就与被成就的关系。一个喜静,一个清幽,两者珠联璧合,至臻至美。竹子的生长颇有个性:前四年里,竹芽仅能长出一寸,我们几乎感觉不到它在向上拔节;到了第五年,竹子破土而出,露出真容,迎来爆发生长期,据说十天半个月的时间就能长到十五米高。前四年的扎根就像蹲苗,夯实内在肌理,到了一定时期,便势如破竹,绿云遮天。"青青翠竹皆是法身,郁郁黄花无非般若",这句诗的意思是说,每一株竹子里都藏着佛的法身,每一朵花里都开满智慧。一般而言,有寺院的地方都会种竹林,四门塔风景区里的涌泉竹林,就被称作"江北第一竹林"。

江北第一竹林,果然不负盛名。有一次我和朋友去四门塔,中途天空下起了小雨,本来打算提前返回城里,听一游客说那边是竹林,这时候去看看很不错,于是我和朋友有幸邂逅了这片苍翠欲滴的竹林。缓缓漫步其中,风起,云卷,

竹林

雨疏，竹林里仿佛奏响了一场荡气回肠的交响乐，我不禁如痴如醉。音符在心头响动，雨滴在脸颊滚动，竹子摩擦产生天籁，声音起起落落，好一个大自然的美丽邀约！

涌泉，竹林，清风，乃是四门塔的"音乐殿堂"。后来我查阅资料，才了解到这"音乐殿堂"的前身是涌泉庵，确切地说，是在尼院旧址上兴建的一片竹林。涌泉庵位于神通寺的白虎山西麓，始建于齐梁时期，占地6380平方米。明代诗人李攀龙曾作《涌泉庵》咏叹："锦阳川上女僧家，红树萧萧白日斜。弟子如云人不见，可怜秋老玉莲花。"俯瞰历史长河，时代的一粒灰尘，落在小小的涌泉庵就是几度浩劫。隋代开皇时期曾重修过涌泉庵。明天启三年（1623年），涌泉庵偶然遭火焚，又经历了几次重建。直到清末同治四年（1865年），道人胡本兴主持涌泉庵，他上任后改变了尼庵的性质，使佛道合流，香火因此变得旺盛起来。据说，胡本兴将每年的农历二月十九日辟为涌泉庵香火会，附近的善男信女们都前来赶会，一时间香客络绎不绝。到了抗日战争时期，随着一位孙姓道士离开此地，涌泉庵彻底荒废。中华人民共和国成立以后，历城区柳埠林场进驻，在此遗址上建起职工宿舍，保留了三间后殿和一间"吕祖阁"。自1998年至2000年，济南市政府在涌泉庵遗址上建起了四季村宾馆，同时将仅存的建筑拆除，向后迁移60米，重建了涌泉庵。

顾名思义，涌泉庵因涌泉而得名。我和朋友去的时候正值初夏，泉水水势不是很丰沛，但依然让人心生欢喜。元代地理学家于钦在《齐乘》里记载："钦尝拟《会波楼记略》云'济南山水甲齐鲁，泉甲天下。盖他郡有泉一二数，此独以百计。涛喷珠跃，金霏碧淳，韵琴筑而味肪醴，不殚品状'。"济南因泉而生，由泉而兴，以泉盛名，在这里生活的人们枕泉而居，汲泉而饮，与泉共生。济南既有令外地游客慕名而来的"天下第一泉"——趵突泉,也有世界上唯一一条由泉水汇流而成的护城河。济南有七十二名泉,涌泉正是其中之一,《续修历城县志》中记载,这里"百尺飞流,千樟古木,山光水色,鸟语花香"。虽然"养在深闺人未识",却从来喷涌不息。涌泉泉池南北长5米,东西宽4.5米,深2米,泉水从一方池壁上雕刻的兽头中喷涌而出,汇集"细水长流""锦上添花""悬崖瀑布"三股泉水,经过涌泉桥,依山势三迭而下,形成可观的"百尺飞流"。清泉溅起大朵大朵的水花,阳光直射过来就像一枚枚金币,闪闪发光,那场面蔚为壮观,恍若置身仙境。涌泉也成为夏季人们消暑乘凉、戏水休闲的绝佳去处。孩子们跑啊跳啊欢呼雀跃,大人们分享生活趣事,一片欢声笑语。

"木欣欣以向荣,泉涓涓而始流。"我从小就喜欢竹林,但是在北方长大,没有机会目睹江南的竹林,这不啻一大憾事。小时候,爷爷经常带我去趵突泉公园的万竹园玩,我拎着水桶,光着脚丫,石板缝里有泉水往上冒,那份凉意不知不觉涌进了心窝里。伴着竹海起伏,戏水、嬉闹、觅凉,要多惬意有多惬意,直到今天,我依然对那里情有独钟。万竹园始建于元代,因园中多竹而得名。园子深受明清以来北方宅院布局影响，以砖石结构的住宅为主，兼带花园。园内曲廊环绕，院落相连，亭台楼阁，参差错落，结构紧凑，布局讲究。除了竹子，还植有柏、芭蕉、玉兰等多种花木，环境清幽，泉水淙淙，有望水泉、东高泉、白云泉等。园中精美细腻的石雕、木雕、砖雕，被称为"三绝"，整体建筑具有清、幽、静、雅的隐士之风，这也是其深得文人雅士喜爱的原因。2020年6月，万竹园入选第八批全国重点文物保护单位。

历史上，万竹园多次易主，几经复建。第一位主人是历城人殷士儋。明代隆庆五年（1571年），武英殿大学士殷士儋遭高拱排挤，辞官归故里，隐居于此，改园名为"通乐园"，通乐（yuè）一词，其意取自《礼记》。致仕后的殷士儋在通乐园批阅著书，讲学论道，"济南诸儒生及门者二百余人，或不远数百里负笈以从"。园中的泉水穿墙绕屋，过桥环亭，他借势建造"阁老亭""川上精舍"，授徒讲学，一时间被称作"殷家亭子"。明亡后园子一度荒废，归孀妇王氏所有，俗称"王氏园子"。第二任主人是济南人王苹。清康熙三十一年（1692年），王苹买下此园，当时园内有望水泉、登州泉，因望水泉在金代《名泉碑》记载的济南七十二名泉中位列第二十四，他便将筑于泉畔的书斋命名为"二十四泉草堂",并自号"二十四泉居士",其创作的诗集也被称作《二十四泉草堂集》。他在草堂前后种菜养花,开凿池塘,导泉为溪,萦回园内。倚泉而居的惬意生活为他的创作带去灵感,使他留下很多富有影响力的诗篇。第三任主人是张怀芝。王苹之后,万竹园沦为菜园。清末民初,北洋军阀、曾任山东督军兼省长的张怀芝在其旧址上建造公馆,这次重筑聚集南北能工巧匠,进行设计施工,耗时十年终于建成我们今天看到的规模。1986年,园内辟设"李苦禅纪念馆",收藏和展出李苦禅的画作,艺术家的画作与园林艺术相得益彰,进一步提高了万竹园的艺术品位。

自古以来,济南就是一座美丽丰饶的园林城市,建有很多私家园林、泉上园林。亭台楼榭,泉声黛影;四季花卉,草木葳蕤。文史学者侯林和女儿侯环合著的《济南园林七十家》,实际上收录园林81家,遍布泉(河)湖、官署等地,包括园中园、泉上园等,建筑、叠山、理水、植物造景皆有诗意。园内的草木,大都能寻到竹子的影子。张养浩的云庄遂闲堂堪称花竹世界,是以文会友、宴请宾客之地,他随口赋诗道:"击鲜酾酒有余甘,种竹移花不是贪。"周永年的藉书园则是水竹世界,何绍基诗赞曰:"屋外环以水竹,为城西佳胜处。"徐宗干忆起在园里读书的场景,"曲径雨余黏屐齿,小窗风过动书签。琅嬛手泽须珍重,继起文章望后贤"。

旧时,珍珠泉上更是竹林胜地,清嘉庆、道光年间诗人宋翔凤在《珠泉竹影》里写道:"珍珠泉上竹万竿,丛丛深碧相映寒。"清代寓居济南金泉精舍的诗人张昭潜(1829—1907年),字次陶,号小竹,山东潍县东关后所街人。当年,他在省城尚志堂、泺源书院讲学授徒,经常与友人雅集,他将"历下第一竹子"命名为"陶竹"。"现代中国园林之父"陈从周说:"中国园林,能在世界上独树一帜者,实以诗文造园也。"以诗文造园林,是历史的、文化的、精神的,是指向心灵空间的营造。无论山泉、湖石,还是竹林,都是流动的诗文,透明的音符。

有竹林的地方从来不缺少浪漫,大明湖畔的"竹港清风"同样令人心生向往。"竹港清风"就是过去的"小淇园"。走过鹊华桥,沿着超然楼往北,就能望见一个曲径蜿蜒的竹园,修竹成林,清凉如许,风景宜人。"小淇园"最初叫刘氏园,主人是历城人刘天民,崇祯《历城县志·宫室·亭》记载:"刘家亭,小淇园北。闻小淇园亦刘氏园也,后归赵氏，止余一亭。今淇园废矣，而刘亭尤在。"后来，历城籍户部尚书赵世卿在旧址上重建。赵世卿（1540—1618年），字象贤，别号兰渚，历城小村庄（今祝甸村）人，明后期重臣。在职期间，他多次直言进谏，鉴于明万历年间政治腐败，他决定辞官还乡，先后十五次提出辞呈均未被批准。无奈之下，他挂冠封印而归，在大明湖畔广植修竹，建"小淇园"。清代诗人董芸把他的这段经历写进《小淇园》这首诗里，"淇园学种竹千竿，谏草犹存老挂冠。忽忆柴车东去日，漫天风雪出长安"。"小淇园"，取自《诗经·国风·卫风》中"瞻彼淇奥，绿竹猗猗"一句，当时以名景"竹港清风"跻身于"历城十六景"。风吹竹林，如在纸上沙沙写字，翠竹欲滴，两袖清风，那分明是古人高风亮节的宣言书，使人想起清代郑板桥的《潍县署中画竹呈年伯包大中丞括》："衙斋卧听萧萧竹，疑是民间疾苦声。些小吾曹州县吏，一枝一叶总关情。"寻一片清风竹韵，陶冶情操，涵养精神。

与万竹园、竹港清风相比，四门塔风景区内涌泉流过的竹林堪称济南面积最大的淡竹林，总占地面积约10亩。泉水缓缓流过竹丛根隙，形成弯弯曲曲的溪流，纤竹映水，相映成趣。

涌泉旁边,建有一座草亭,名曰"望岳亭",即在亭内凭栏远眺,能够看到五岳独尊的巍峨泰山。涌泉周围,苍松翠柏,葱葱郁郁,如碧海波涛,令人沉醉,怪不得古人称这里"山光水色,鸟语花香,其乐胜于仙台"。清泉淙淙,竹影婆娑,游人稀少,愈发显得胜景幽深。在这里,时间仿佛静止了,一寸一寸皆为宁静。漫步于山光水色中,一切都那样静谧安然,引人流连忘返。

在山里,在泉边,在林间,我们听泉水叮咚,听竹帘幽梦,听轻风低吟,听远近高低不同的佛塔梵音,听竹林翠柏之间的禅心密语……听一座城市的山水清音,听身体深处的灵魂呢喃。竹丛之间弥漫的淡淡清香,也令人回味无穷。

当我们离开后,或许会很快忘记这里的尼院旧址或塔林碑刻,但是,进驻到心灵的一缕缕芬芳会永远馥郁。此刻,我想起了冯骥才先生细雨中游走京都时的感受,他在《细雨品京都》一文中写道:"在金阁寺里我发现,那雨中镀金的金阁反比阳光下的金阁更加夺目,景象真是奇异。还有花草松竹,给雨水一洗,更艳更鲜更亮更香,而花味草味松味竹味,似乎也更加清新醉人。是来自苍天的雨激发出大地万物的生命气息吗?"我想,无论是金阁寺的气息,还是涌泉庵的竹香，都蕴含着生命的祝福和自然的馈赠，我们唯有拱手承接，默默感恩。

《诗经》云："瞻彼淇奥，绿竹猗猗。有匪君子，如切如磋，如琢如磨。"《诗经》又说："其蔌维何？维笋及蒲。"寺院竹林的清悦芬芳，不仅有自然的恩典，还有历史的源头活水带来的精神滋养。学者扬之水乙丑初冬去天竺礼佛，曾到过竹林精舍遗址。它的主体部分像个大花园，进门后左手处有一片小树林，林中有修竹数竿，佛陀遗迹已经荡然无存。园中一个水池，是佛陀淋浴的地方，水池中央修起了三个喷嘴的喷泉，中间一个水柱下落到地面，水花翻卷，成为一朵六瓣莲花。

竹林精舍是佛教寺院的前身，又称"迦兰陀竹园"，是古印度佛教重要的弘法道场，与释迦牟尼有着密切关联。相传释迦牟尼是古印度北部迦毗罗卫国（在今尼泊尔南部提罗拉科特附近）净饭王的太子，享尽荣华富贵，后来他有感于人世生、老、病、死各种苦恼，抛弃锦衣玉食，出家修行，最终悟道修成正果。他托钵游化，四处奔波，弘法教理，跟随他弘法的弟子很多。他们没有固定的休息场所，白天在山边、树下习道，晚上住在颓垣、破屋。据巴利文律藏《大品》

的记载,频毗沙罗往仗林礼佛,当即表示要终身皈依佛陀,并约请佛陀和众比丘吃饭,佛陀以沉默表示同意。第二天上午,佛陀手持衣钵,与众比丘一起进入王舍城……频毗沙罗亲手侍奉佛陀和众比丘吃饭。饭后,频毗沙罗用金罐盛水给佛陀洗手,并将离城不远也不近的竹园赠给佛陀和众比丘住。此后,佛陀便以恒河南岸的王舍城为中心,四处度化,其在王舍城的立足之处便被称作"竹林精舍"。佛陀在竹林精舍安居弘法初期,有舍利弗与目犍连来皈依,成为座下高足,追随佛陀弘扬佛法。他们本是六师外道之一的删阇耶的弟子,无意间听到五比丘的阿说示诵偈,随即追到竹林精舍,听佛陀说法后,就带领弟子二百五十人前来皈依佛陀。

竹林精舍是佛教史上第一座供佛教徒专用的场所。历史学家范文澜在《唐代佛教·佛教各宗派》中写道:"他住在摩揭陀国首府王舍城的竹林精舍传道,王舍城中归佛出家的人渐多。"

除了竹林精舍,还有祇园精舍。说到祇园精舍,不得不说祇园布施。这个感人至深的故事流传已久,《大唐西域记》第六卷中这样描述:"善施长者仁而聪敏,积而能散,拯乏济贫,哀孤恤老,时美其德,号给孤独焉。闻佛功德,深生尊敬，愿建精舍，请佛降临。世尊命舍利子随瞻揆焉，唯太子逝多园地爽垲。寻诣太子，具以情告。太子戏言：'金遍乃卖。'善施闻之，心豁如也，即出藏金，随言布地。有少未满，太子请留，曰：'佛诚良田，宜植善种。'即于空地建立精舍。"善施，即须达多，逝多。这个故事说明，祇园布施，传递的是一颗跃动的向善向美之心。竹林精舍在恒河南岸，祇园精舍则在舍卫城外的恒河北岸。这两处驻足之地成为世尊弘法的固定居所。

　　写到这里，我想起一则寓言故事。禅师让三个徒弟去竹林中各选一根能做笛子的竹子。徒弟甲挑选了一根圆润的竹子，认为这样的竹子做成的笛子声音会比较圆润；徒弟乙选中一根光洁的竹子，他觉得这样的竹子做成的笛子声音会清脆悦耳；徒弟丙选了一根有瘢痕的老竹，他心想这样的竹子外表虽不好看，但做成的笛子一定会经久耐用。最终，师傅对徒弟丙投去赞许的目光。可见，竹子代表一种精神，不仅是"盖竹之体，瘦劲孤高，枝枝傲雪，节节千宵，有似乎士君子豪气凌云，不为俗屈"的品格，也是"向上拔节生长"的精神。于寺院而言，竹林象征清净而幽邃；对信众来说，竹林寓意虔敬而虚心。总之，竹林的精神离不开自然对身心的熏陶和净化。

　　四门塔这片竹林，因七十二名泉之一的涌泉流经，就更加不一般了，它为整个寺院蒙上了一层美丽外衣。发源于南部山区的甘甜清泉，源源不断地传递出一座城市的感恩和奋进；而涌泉灌溉的竹林，在根茎里、竹节间，无不氤氲出涌泉相报的哺育之情。千百年来，涌泉里的竹香，竹香中的月光，月光下的馨梦，梦境里的济南……就这样生生不息，世代传递。梵音袅袅，清泉淙淙，竹叶青青，让每一个经过这里的人，带走满林芬芳，一路袖藏，一路播撒，温暖众生。

# 第四章 名人游踪

# 1972年，迎接西哈努克亲王二三事

时至今日，老济南人仍对柬埔寨王国前国王西哈努克亲王在20世纪70年代到访济南一事印象深刻。

我听爷爷和父亲说过多次。那是1972年8月10日，一个阳光灿烂的日子，济南火车站迎来了一位尊贵的外国元首——西哈努克亲王，他被毛主席称为中国人民的好朋友。陪同他首次来山东的还有夫人莫尼列、特使英萨利等一行29人，中方陪同人员有时任中共中央军委副主席、全国人大常委会副委员长徐向前，中国驻柬埔寨大使康矛召等。

当时父亲在上中学，听他回忆，学校提前两个月就开始准备迎接仪式。男生穿短袖白褂、毛蓝短裤，女生统一穿白上衣、红裙子，待西哈努克亲王出站后，大家就举着鲜花蹦蹦跳跳。他和夫人在敞篷车里向市民挥手致意，那场景让人激动得心都差点跳了出来，一辈子也就经历一次。那几天整座城市就像过节一样，处处洋溢着喜庆的氛围，街头巷尾大喇叭里循环播放的悦耳的歌曲，据说是西哈努克亲王自己作词作曲的。父亲是个文艺青年，课余时间最大的爱好就是看电影，到济南大街小巷的电影院轮番打卡；他说当时电影院里放映的除了《地道战》《地雷战》《南征北战》，就是"八个样板戏"，银幕上经常能够看到"新闻简报"，其中就有西哈努克亲王走遍中国的纪录片。久而久之，民间便流传这样一句顺口溜：样板戏，老三战，西哈努克到处转。

西哈努克亲王在济南的三天时间里，参观了机床二厂、济南铅笔厂，观看了驻济部队的军事表演，还游览了趵突泉、黑虎泉、大明湖、黄河等。他还打算参观四门塔，最终因为其他原因没有成行。为了迎接他的到访，四门塔下力气做了大量的准备工作，这堪称济南外交史上的一件大事，同时对文物维修和保护工作起到了积极的推动作用。

一位外国元首对济南的"三大名胜"感兴趣，这个不难理解，毕竟谁来了都想大饱眼福，享受美景。然而，西哈努克亲王对远在市郊的四门塔颇有兴趣，这很不寻常。当时，"文革"还没结束，四门塔没有对外开放，处于封闭状态。没有直达的交通工具，所以去一趟四门塔对很多人来说不是一件容易的事，除非工作需要非去不可，否则很少有人去参观。

西哈努克亲王年轻时深受佛教文化熏陶，因此点名要去四门塔看看。

作为"80后"，我没有参与过那段历史，似乎很难体会到当时人们因为西哈努克亲王的到来而彻夜难眠的激动之情。济南市人大常委会原副主任，中共济南市委党校党委书记、常务副校长，享受国务院特殊津贴的朱文兴教授，在《中华第一古石塔——四门塔》一文中写道："我第一次听说四门塔，始自柬埔寨王国前国王诺罗敦·西哈努克亲王的来访。"他回忆说："1972年，我在老城区的一所中学教书。6月底，学校通知说，今年暑假不放假，带领学生演练欢迎外宾仪式，9月份柬埔寨首相西哈努克亲王访问济南，届时师生们要去夹道欢迎。同时得知，西哈努克亲王要朝拜四门塔……他要拜四门塔，足见这塔在佛教界的影响。从此，四门塔开始入驻我这个大学毕业后刚来济南的江南游子心中。"

朱文兴教授祖籍上海，济南是他的第二故乡，自称"鲁籍沪人"。在他心里，他要感谢西哈努克亲王到访四门塔，因为亲王的到访他才有了第一次游览四门塔的经历。"我第一次看四门塔是1978年11月初，作为山东省教育工作会议的工作人员，随与会人员去参观。早饭后，我们乘坐大巴出发，

32公里的路程走了近两个小时，到四门塔快10点了，这还要感谢西哈努克亲王，要不是六年前为准备迎接他抢修了进山的公路，我们还不知几点能到。当时四门塔仍处于关闭状态，没有导游这一说，只有自己看，由于中午还要赶回市区用餐，只好走马观花。"2003年，朱教授再次游览四门塔，公路比过去修得平坦顺畅，从市区开车只用50多分钟即可抵达。

考虑到当时没有直通四门塔的专用道路，且景区内的羊肠小路不好走，由国家拨款支持，济南市政府组织施工，扩建道路、增建桥涵、铺设沥青路面，还增建了迎宾接待室。临时接到修路任务的桥梁专家王精一回忆道："因正值雨季，我们十七个日夜人山人海冒雨抢工，终于提前完成任务。"其间，还发生过一个小插曲，"当各级领导来检查，看到接待室女厕所只一个便坑时提出：'如莫尼克公主的陪护一同来呢？'所以又拆除另增一便池。"一件小事，从侧面反映出济南人民的古道热肠。西哈努克亲王没有到访，但四门塔的维修保护一直在继续。1973年完成了四门塔塔顶、塔内的维修，后期又扩大了塔台基，清理了多处文物古迹。

后来，我曾在网上看到这样一则报道：西哈努克亲王第二次来山东去蓬莱参观的时候,天下起了雨,一位女导游给他举着雨伞。他看到这一幕,感到很不好意思,便示意随行工作人员代替女导游打伞。负责摄影的记者事后回忆道:从这样一个细节透露出亲王和蔼可亲、平易近人的一面。我想,亲王在济南时也是如此平易近人吧。

  时代的车轮滚滚向前,西哈努克亲王到访济南的短暂游历,已成为湮没在历史河流中的一朵浪花,转瞬即逝。为了迎接他的到访,四门塔为推动维修和保护做出的种种努力,终将载入史册,供后人追忆和回味。

# 梁、林夫妇与四门塔的不解之缘

## 1

"这是一段愉快的旅途:行走在山岩间的小径上,我们一边呼吸着早夏时节风中的花香,一边浏览着蓝天下步移景异的山峦起伏,最后来到旅途的终点——位于东岳泰山之阴的一处人迹罕见之地。"

1936年的那个初夏,一对伉俪乘坐火车来到济南,下了车直奔四门塔,在那里留下了一段美好的回忆,也在泉城大地上写了一段历史佳话。这对夫妇就是梁思成和林徽因。

那一年,他35岁,她32岁。

## 2

梁思成和林徽因与济南有着深厚的情缘,曾四次到访济南。

林徽因首次访问济南是在1924年4月,陪同印度诗人、诺贝尔文学奖获得者泰戈尔,同行的还有诗人徐志摩。文坛大咖云集,群星闪耀璀璨,一时间轰动了整座城市,"东方诗神偕同金童玉女抵济""世界著名长髯诗翁泰戈尔先生与长袍面瘦诗人徐志摩和艳如花的林徽因小姐,如同松竹梅一幅动人的画卷"等登上本地报纸新闻头条。

1931年11月22日,梁思成首次到访济南,吊唁乘坐飞机不幸遇难的诗人徐志摩。返回北平之前,他按照林徽因的叮嘱到坠机现场捡回"济南号"飞机的一块残骸木板。

第三次,梁思成、林徽因夫妇一起访问济南,就是四门塔之行,在1936年6月。

1937年9月,梁思成、林徽因带着两个孩子及外婆流亡,途经济南,在朋友的帮助下在大明湖一家旅舍滞留了两天,后在津浦铁路济南站挤上了南下的火车,这是他们第四次与济南产生交集。

四次到访济南,唯有第三次四门塔之行,夫妇俩的身心最为放松,也是收获满满。梁思成、林徽因考察了四门塔、龙虎塔、九顶塔,元、明两代塔墓30余座,千佛崖唐代造像和涌泉庵等,还去灵岩寺考察了千佛殿、辟支塔、慧崇塔、法定塔等宋、元、明历代塔墓140余座,又在章丘考察了常道观元代大殿、白云观、清静观元代正殿、文庙金代大成殿、永青寺等。

从横向时间坐标看，两人婚后的15年里，走过国内15

梁思成、林徽因夫妇

个省、190多个县，考察测绘了2738处古建筑物，其四门塔的行程不过是历史长河中的一瞥。但是，从纵向空间坐标审视，他们对四门塔的考察也是一篇非同寻常的精神史诗。

今天，当我翻开《中国建筑史》，看到梁思成对四门塔的描述，瞬间升腾起身为济南人的自豪感。"四门塔平面正方形，四面辟门，中立方墩，墩四面各坐一像。塔身单层，平素无饰""它是国内该类型塔中最古老的一座……屋顶是一个阶梯形的金字塔，上覆以一个缩小的印度窣堵波样式的尖顶"。梁思成还通过对全国各地大量古塔的深入研究和比较，得出一个令济南人振奋的考古结论："中国古塔，是在其传统多层结构之上覆以印度窣堵波样式的有趣结合。神通寺四门塔是这种融合样式最早和最简洁的实例之一，它在中国古塔的演进过程中具有极其重要的地位。"（见梁思成《五座中国古塔》）最早、最简洁、极其重要，这三个词，足以证明四门塔在中国古塔史上的重要地位和社会价值。

### 3

建筑考察硕果累累，田野调查过程却充满艰辛，或者说，考古工作本身就是一项苦行僧式的孤独事业。梁思成最感谢的人就是妻子林徽因，最愧对的人也是她。他在《图像中国建筑史》序言中说道：

> 我要感谢我的妻子、同事和旧日的同窗林徽因，二十多年来，她在我们共同的事业中不懈地贡献着力量。从在大学建筑系求学的时候起，我们就互相为对方'干苦力活'。以后，在大部分的实地调查中，她又与我做伴，有过许多重要的发现，并对众多的建筑物进行过实测和草绘。近

年来，虽然罹重病，却仍葆其天赋的机敏与坚毅。在战争时期的艰难日子里，营造学社的学术精神和士气得以维持，主要应该归功于她。没有她的合作与启迪，无论是本书的撰写，还是我对中国建筑的任何一项研究工作，都是不可能成功的。

当天抵达济南后，梁思成、林徽因从火车站徒步走到四门塔，顶着烈日，肩扛行囊，七八十里的路程他们走了整整一天。梁思成曾因车祸导致左腿骨折，手术后左腿比右腿短了一厘米，走起路来一高一低，比较吃力。

当他们到达四门塔时，第一印象就是荒草野树，恍若兔狐栖身之地，抬头仰望，塔顶也长满了瓦松和杂草，以至于遮挡得看不清塔的全貌。两人顾不上旅途疲劳，撸起袖子躬下身子就干活，扫除、清理，连同附近龙虎塔、千佛崖的杂物一起清除干净。由此可见，那个时候四门塔周围的环境非常恶劣，他们二人不怕苦累，不惧高温，一头扎进建筑测量和实地考察工作中。

六月的济南，溽热，无风，林徽因头戴草帽，白色短袖衫束于腰间，脚踩着墓塔塔基边缘，手扶塔身，拿着尺子测绘。周围杂草丛生，塔下碎石遍地，地势凹凸不平。不一会儿，汗水就湿透了她的衣衫，她用毛巾擦一把，接着干。"每去一处都是汗流浃背的跋涉，走路工作的时候又总是早八至晚六最热的时间里……整天被跳蚤咬得慌，坐在三等火车中又不好意思伸手在身上各处乱抓，结果浑身是包！"虽说吃尽苦头，但是夫妇同心协力，彼此照顾，苦中作乐。他们走南闯北欣赏佛塔无数，四门塔的独特之美，着实令他们惊叹连连。

在考察四门塔、龙虎塔和50多座金、元、明墓塔之后，梁、林夫妇来到十余里外的灵鹫山，这里有一座古建筑九顶塔。九顶塔的形制极为特殊，全国仅此一例，基本上属于亭阁式塔，塔顶又分建九个密檐式小塔。只是塔有毁损，顶部九塔只剩五个，再看看旁边的衰草残砖，梁思成和林徽因更是唏嘘不已。

林徽因在《莲灯》一诗中倾吐心声："如果我的心是一朵莲花，正中擎出一支点亮的蜡，荧荧虽则单是那一剪光，我也要它骄傲地捧出辉煌……算做一次过客在宇宙里，认识这玲珑的生从容的死，这飘忽的途程也就是个——也就是个美丽美丽的梦。""飘忽的途程"对应"美丽美丽的梦"，指向大时代动荡颠簸中的美好坚守，一如她所说，"信仰只一细炷香"，永远燃烧，永不熄灭。

4

每一次去四门塔风景区，我都会情不自禁地想起林徽因，回来后总会有新的认识和思考。就是在这样一次又一次的走进中，我在成长——古寺的佛光拂照过她的心灵，如今又照见了我，我在与她穿越时空的对话中加深了对古塔的理解，也重新认识了她。林徽因身上有太多光环，这些光环反而对建筑师林徽因形成一种遮蔽。

林徽因是诗人、作家，也是建筑师。她是中国第一位女建筑学家，也是唯一登上天坛祈年殿屋顶的女建筑师。通过她与美国费正清、费慰梅夫妇的书信，我们了解了林徽因对建筑的无比热爱，以及彼此间的真挚情谊。费慰梅是美国哈佛大学医学院著名教授坎南的女儿，1932年，她和丈夫来到中国定居，同时进行文化考察。费慰梅对山东武梁祠的汉代拓片兴趣浓厚。在北平美术俱乐部举行的一次画展上，梁思成、林徽因与他们有缘相识。当时，费正清在清华大学任教，费慰梅刚从拉德克利夫学院艺术史系毕业，他们居住的西总布胡同，与梁思成夫妇居住的北总布胡同相隔不远。

1934年夏天，两对夫妇同游山西汾阳至赵城的三四十处建筑，尤其是晋南赵城广胜寺，从汾阳到赵城三百余里，道路被夏日暴雨浇成连绵不断的泥坑，汽车、驴车、独轮手推车轮番上阵，他们吃尽苦头，却以苦为乐，结下终生的友谊。费慰梅还为他们客串了一次"古建筑测绘员"，"我们四个人很高兴地徒步或骑毛驴考察了附近的寺庙，远一些的地方我们就租传教士的汽车去。费正清和我很快就熟悉了丈量等较简单的工作，思成拍照和做记录，徽因则从寺庙的石刻上抄录重要的碑文"。从这一次考察中，我们也可直观地了解到梁思成和林徽因的田野调查工作常态。梁、林夫妇二人在《晋汾古建筑预查纪略》中写道："去夏乘暑假之便，作晋汾之游。……其中介休至赵城间三百余里，因同蒲铁路正在炸山兴筑，公路多段被毁，故大半竟至徒步，滋味尤为浓厚。"

　　从此，费慰梅成为林徽因的闺蜜，她经常在书信里向费慰梅倾诉，大到战乱环境，小到琐碎家事，内心的苦闷与孤独溢于言表，又让人为之动容：

　　　　正因为中国是我的祖国，长期以来我看到它遭受这样那样的灾难，心如刀割。我也在同它一道受难。这些年来，我忍受了深重的苦难。一个人毕生经历了一场接一场的革命，一点也不轻松。正因为如此，每当我察觉有人把涉及千百万人生死存亡的事等闲视之时，就无论如何也不能饶恕他……我很可能活不到和平的那一天了（也可以说，我依稀间一直在盼望着它的到来）。我在疾病的折磨中就这么焦躁烦躁地死去，真是太惨了。

或许有人会问：林徽因为什么与他们夫妇友情笃深呢？除了她的才情与魅力，还因为她会说一口流利的英语。费慰梅对林徽因的儿子梁从诫说："我同她的友情与她和其他挚友们的还不同些，因为我们的交流完全是通过英语进行的。当我还是一个中文的初学者的时候，她已经是一位精通英语的大师了……她在英语方面广博而深厚的知识使我们能够如此自由地交流，而她对使用英语的喜爱和技巧也使我们在感情上更为亲近了。"战乱年代，这样的跨国友谊难能可贵。费氏夫妇回国后，曾对在李庄暂居的梁氏夫妇给予支援与帮助。费正清曾以美国战略情报局驻华首席代表的身份来到中国，一次是在陶孟和的陪伴下去探望病中的林徽因，另一次正好赶上抗战胜利，他与费慰梅同行，结伴到镇上茶馆欢庆。1947年，林徽因做肾切除手术时，她已经做了最坏的打算，含泪写道:"再见,最亲爱的慰梅。要是你能突然闯进我的房间,带来一大盆花和一大串废话和笑声该有多好。"

患难与共的情感,堪比金子珍贵,永不褪色。令人遗憾的是,直到梁思成去世,也没有等到他们这对老朋友。1972年5月,费正清、费慰梅夫妇在周恩来总理的邀请下来到北京,在中方安排的晚宴上,费正清在致辞中深情地说道:"这一次回来,我们感觉失去了一半的中国!我们最亲密的朋友林徽因、梁思成都先后去世了,他们在我们心目中就等于中国的一半。可是,这一半,我们永远地失去了。"再次重温,发自肺腑的话犹在耳畔回响——让人想起林徽因的灵魂独白:"当我去了,还有没说完的话,像钟敲过后,时间在悬空里暂挂。你有理由等待更美好的继续,对忽然的终止,你有理由惧怕。但原谅吧,我的话语永远不能完全,亘古到今情感的矛盾做成了嘶哑。"

5

1920年春天,林长民以"国际联盟中国协会"成员的身份赴欧洲考察,特意带着女儿林徽因。旅居伦敦一年半的时间里,林徽因除了游览异域风景,更多的是跟随父亲交游,结识了许多西方文坛顶级名流，还有旅居欧洲的张奚若、陈西滢、金岳霖、张君劢等人。在伦敦期间，林徽因确立了献身建筑学的远大志向。有人说她当时的房东是一名建筑女教师，林徽因受其影响，也有人说她是受英国女同学的启蒙。无论怎样，林徽因的人生轨迹从此被改写。她充分认识到，"中国的衣食住行是一种艺术，也是一种文化，处处体现出人的精神和意志，是我国光彩夺目的文化财富之一"。

1924年，林徽因与梁思成在美国宾夕法尼亚大学建筑系学习，当时建筑系不招女生，林徽因报的是美术系，选修建筑系的课程。他们收到梁启超寄来的宋代李诫的《营造法式》，扉页上寄语："一千年前有此杰作，可为吾族文化之光宠也……此本遂以寄思成徽因俾永宝之。"从那个时候起，"匠作之事"就正式进驻他们的生命，再也没有中断。学成回国后，他们加入中国营造学社，婚后奔走在山河、庙宇、乡野，坐过独轮车、毛驴、火车，风餐露宿，辗转颠簸，把烽烟与山河看遍，将病痛与艰难吞咽，与风雨和月光做伴。林徽因与梁思成共同考察、测量、摄影、绘图，走遍千山万水，绘制了2000余件建筑与文物，解析了大量文献，中国建筑演变的宏伟巨构在他们心中有了轮廓。后来，在微弱而摇曳的灯光下他们完成了《中国建筑史》，林徽因独自撰写了其中的第六章。

19世纪末20世纪初，在西方学者绘制的"建筑之树"上，中国建筑和日本建筑被合在一起，与印度、埃及、墨西哥等地建筑一样，被画成远离欧美建筑主干的分支上的一片孤零零的叶子。孤零零的叶子是被忽略、被歧视的，这何尝不是一个国家的耻辱？对此，梁思成做了一系列的艰巨工作，正其本源，绘其演变，促其进化，在营造学社随后十几年田野调查的基础上，他确立和证明了中国木结构体系的完备而全面，认为中国历史最辉煌的阶段在唐代，豪劲的唐代建筑结构是最显著的体现。1944年他完成《中国建筑史》，1946年完成英文版《图像中国建筑史》初稿。这些著作有力地反驳了"只有日本人才有实测中国古建筑的能力"的言论，以及关野贞"中国和朝鲜一千岁的木料建造物，一个亦没有"的断言。我在仰望四门塔的时候一度热泪肆流，后来，在看《国家宝藏》（第二季）中营造学社情景剧时再一次流泪。一寺一塔，一梁一榫，一草一木，皆有温度和情感，那是梁思成、林徽因的家国情怀，是中国人的气节和风骨！

对于如此成就，林徽因的贡献同样不可磨灭。生下儿子梁从诫后,在长达五六年的时间里,她与丈夫外出考察楼台亭阁、庙宇寺院,足迹遍布六七个省份,西北到过距甘肃不远的耀县,东南到了临近福建的宣平,从陕西药王庙、河北正定隆兴寺、苏州三清殿,到杭州六和寺、金华天宁寺、宣平延福寺,在这众多庙宇寺院中就有泰安的岱庙和济南的四门塔。林徽因把全部热情融入心爱的建筑事业中:"我们因为探访古迹走了许多路,在种种情形之下感慨到古今兴废。在草丛里读碑碣,在砖堆中间偶然碰到菩萨的一只手、一个微笑,都是可以激起一些不平常的感觉来的。乡村的各种浪漫的位置,秀丽天真;中间人物维持着老老实实的鲜艳颜色,老的扶着拐杖,小的赤着胸背,沿路上点缀的,尽是他们明亮的眼睛和笑脸。由北平城里来的我们,东看看,西走走,夕阳背在背上,真和掉在另一个世界里一样!"(《山西通信》)

有人说,林徽因的文字里氤氲诗意,我却觉得,那诗情画意早已融入她的骨血和灵魂,是她率先提出让建筑领域和学术界纷纷称赞的一个概念——建筑意(《平郊建筑杂录》),使建筑自带诗意光芒和人文温度。如她所说,"无论哪一个巍峨的古城楼,或一角倾颓的殿基的灵魂里,无形中都在诉说，乃至于歌唱，时间上漫不可信的变迁；由温雅的儿女佳话，到流血成河的杀戮"。有处细节令我记忆深刻：1940年，体弱多病的林徽因带着母亲、女儿梁再冰、儿子梁从诫从昆明前往李庄，梁思成因临行前脚趾感染破伤风，面临截肢的危险，不得不留下医治。在毕节逗留的三天，梁从诫高烧不退，林徽因带着梁再冰去买药时，途中经过一处由孔庙改成的小学校舍，她拉着女儿进去察看校舍建筑结构，引来很多学生围观。林徽因告诫女儿："每到一个地方，如果要参观，一定要看看这个地方的县政府、孔庙、重要机关、学校，以及街道布置法、城墙的建筑法才对，不是单看看铺子

林徽因工作照

卖什么。"显而易见，建筑考察已经成为影响她一生的习惯。

1944年，日本人打进贵州，直逼重庆，形势严峻。12岁的梁从诫问母亲："若是日本人打过来我们怎么办？"林徽因答道："中国念书人总还有一条后路嘛，家门口不就是扬子江吗？"梁从诫急了，又问："我一个人在重庆上学，那你们就不管我啦？"林徽因歉疚而喃喃道："真要到了那一步，恐怕就顾不上你了。"看到这里，想必没有人不为之落泪，一个女建筑家的气节跃然纸上，让我们生出敬意。其实，这份气节源自她的家国情怀，与李清照的"生当作人杰，死亦为鬼雄"和辛弃疾的"了却君王天下事，赢得生前身后名"异曲同工。

林徽因工作照

6

费正清曾这样评价梁思成和林徽因："他们是不畏困难、

献身科学的崇高典范。"

"你是一树一树的花开，是燕，在梁间呢喃——你是爱，是暖，是希望，你是人间的四月天"，或许，只有理解了梁思成、林徽因受伤带病依然走遍千山万水，以苦为乐的生活，才能真正体会到"人间四月天"表达的精神。晚年饱受贫病困扰，梁思成对林徽因说，如果他今生有机会去敦煌一次，就是"一步一磕头"也心甘情愿。

在他们的生命中，"山东神通寺四门塔"不仅是田野考察的重大发现，还是中国建筑艺术殿堂无与伦比的宝库，使人惊喜，令人难忘。梁思成和林徽因在此留下永恒的黑白影像，定格美好的济南情缘。这份真挚的感情以及他们的付出，推动了四门塔的文物保护工作，也为一座城市文化血脉的传承做出重要贡献。

听，时间在歌唱。

我从四门塔下走过，树影婆娑，阳光正好……

# 艺术大师黄永玉：涌泉书院是一首诗

1

2023年的夏天，艺术大师黄永玉走了。当这个消息被朋友圈刷屏时，我倚靠在医院病房的白墙上，瞬间心里紧了一下，停顿片刻，才反应过来，是那个"无愁河的浪荡汉子"，那个可爱的老先生走了。2010年7月，87岁的他到访济南，畅游趵突泉和大明湖，去了紧邻四门塔的涌泉书院，并挥毫写下"爱与水的天堂"。

2009年，我开始从事文学创作，对《收获》杂志爱不释手。当时每期都有长篇连载的《无愁河的浪荡汉子》，写得颇为有趣，读后一个老顽童的形象呼之欲出。然而，读了一段时间后，我有些不耐烦，心里泛起嘀咕：什么时候才能连载完啊？后来再看杂志，直接略过。没想到文章一连载就是十多年，我在文学殿堂里跌跌撞撞，等摸到一丁点儿门道时，再读连载的文章，顿生敬畏。直到把他和沈从文的关系理顺，我才真正知道了他是谁。

老先生哪里知道，当年那个小姑娘，在他离开人世后，又费尽周折把那摞泛黄的杂志从床底下扒了出来，重温"无愁河的浪荡汉子"的童年与青春，就像回溯我与家乡护城河的"往事"，读着读着竟泪眼模糊。

## 2

徐北文先生的《济南竹枝词》这样写道："多少诗人生历下，泉城自古是诗城。"从古至今，济南是很多文人志士的福地。

黄永玉爱玩儿是出了名的，他玩得专注，玩得深情，玩出了名堂，玩出了境界。他先后从事过不同的文艺行当，编过报纸，画过漫画，制过版画，写过电影剧本，出版过小说、诗歌……梁羽生曾称他为"怪侠"，黄霑称他为"妙人""少年狂"。济南的袁海龙拜黄永玉为师，潜心学画，不过更多的时间也是在玩儿。比如画画，黄永玉说："高兴怎么画就怎么画，这只是说出了作画的一般道理。要晓得这个高兴也不是容易得来的，起码你要圆熟通达才能办得到。"可见，会玩儿的至高境界是豁达淡泊。袁海龙感同身受地说："跟黄老师学画只是一部分，主要是跟他学做人、做事。"

黄永玉的艺术作品多得数不过来，其中顶重要的一件当属晚年他在北京亲手打造的万荷堂。万荷堂是一座传统大宅院，屋内的桌椅、壁炉、吊灯，都在诉说着主人非同一般的艺术品位。他从国内各地觅得有代表性的荷花品种，种到占地两亩多的荷塘里。钟爱荷花的老人，被称为"花痴"，他对荷花的喜爱，源自幼时的经历。小时候在外婆家住，闯祸后他常常躲在荷塘里，一躲一下午，也顺势看了一下午荷花。他发现荷花不像画里的那样干干净净，真荷花里面有泥土和苔藓，周围也很热闹，有青蛙、水蛇、蜗牛、螺蛳……他喜欢这种热闹，这是人生的一种妙。这种妙，在他那里幻化为一种独特风骨——国画讲究"计白当黑"，他偏偏"以黑显白"，反其道而行之，他笔下的荷花都是绚丽、灿烂的。他甚至打趣地说，荷花从哪儿长的？从污泥里面长的。什么是污泥呢？土地掺了水的那个叫作污泥，是充满养料的那种土。从土地母亲那里长出来的，回头再来骂它是污泥，这叫忘本。

不忘本，就是要懂得感恩。受黄永玉的熏陶和影响，袁海龙在济南也建了一处类似"万荷堂"的精神居所。他借鉴国内很多园林建筑的宝贵经验，经过选址、布局、设计等，最终在四门塔建成涌泉书院。涌泉书院紧邻七十二名泉之一的涌泉，取"滴水之恩，涌泉相报"之意，主体建筑秉承唐宋风格，借鉴黄永玉"玉氏山房"和"万荷堂"的艺术理念，一脉相承。主楼起名"望月楼"，厅内悬挂黄永玉《二松图》，故名"二松堂"，书院内还展有出自黄永玉的青铜雕塑及多幅艺术作品。

2010年7月17日，涌泉书院举行开馆仪式，院长正是黄永玉先生的入室弟子袁海龙，同时，师徒二人的书画展也在这里开幕。省、市艺术界名人相聚一堂，共同见证这一高光时刻。黄永玉亲自为书院剪彩揭牌，并到画室欣赏展品，还直说"这个园子比我想象的还要好"。他还告诫弟子："要感恩这个时代的社会环境造就这般像诗一样美的事物。"从那以后，济南增添了一处文化景观，涌泉书院成为文人创作、雅集、交流的场所。

要知道，黄永玉本就擅长设计和建造房子，在他的眼中，涌泉书院是一首诗，他曾说过："房子是艺术创作的一部分，盖房子不仅是一个人的开心，它是很多人的开心。"

沈从文曾对表侄黄永玉说："要铭记爱、怜悯、感恩。"同样的话黄永玉也对弟子袁海龙说过。他在趵突泉改写李清照的诗词"至今思项羽，呼啸过江东"，在超然楼顶写下辛弃疾的"栏杆拍遍"。他的济南之行，虽然短暂，却历久弥新，在泉城大地播撒了爱和美的种子。对济南之行，他有感而发，称赞道："济南人很幸福，成天在山水里面。"他把艺术精神永远留在这里，与满城泉水一起跃动，澎湃，澄澈，晶莹，幻化为满地繁花，芬芳众生。

3

怀念一个人最好的方式，就是读他的作品。

黄永玉的随笔集《比我老的老头》讲述了钱锺书、张乐平、李可染、张伯驹、林风眠、沈从文等那些比他年长的前辈和朋友的故事，在碎片式场景和历史追溯中定格真挚的情感、艰难的生活和岁月的悲欢。看似是记录别人的故事，其实反映的是他的心灵史——辛酸的、流泪的、惆怅的，闪着人性光芒的青春印记。2023年出版的"姊妹篇"随笔集《还有谁谁谁》，可以说是《比我老的老头》的续集或补充，两书共同构成完整的当代个人记忆史，映照出一个时代的背影。黄永玉在序言《好奇与偏方》中写道："我家乡那地方尽出怪事，由不得生下的孩子好奇天分很高。"好奇心是文学的敲门砖，好奇能够成就一番大事业，黄永玉好奇的天性始终没变，所以他的艺术之路惊喜不断。读完这两本书，跟随他的视角，感受艺术名家的患难心路和为人之道，我顿悟到：他和他笔下老友们的活法，不正是疗愈我们浮躁心理的一剂偏方吗？是地理的、人文的，也是精神的、灵魂的。

好的艺术家或有趣的灵魂，就是这个世界的中药，独家配方，久传不衰，如果说有什么副作用，那就是让一个人死心塌地地爱上自由，哪怕被剪断翅膀或中途折翼，都无法改掉其天性。怪不得黄永玉强调说："唉！都错过了！年轻人是时常错过老人的。"回忆黄苗子时，他又说："那一帮年轻的先行者，今天都已进入老年，可算是历尽艰辛委屈。故事一串串，像挂在树梢尖上的冬天凋零的干果，已经痛苦得提不起来。有谁记得他们才是新艺术最实际、最得力的开拓者呢？"老去的是故事，先行者永远年轻，因为他们的精神永远鲜活，一如被风抽打的杨树叶子，哗啦哗啦作响，像在热烈鼓掌。

读黄永玉，就是读历史的箴言书，就是读生命的忏悔册。社会动荡、时代变革、战乱困厄，他只有一句"门票太贵"。是啊，那是押注性命的残酷考验和生死闯关，庆幸的是他手里的笔没有停，刀刻、漫画没有停，那是他的子弹和食粮。他回忆李可染向齐白石请教"笔法三昧"时，齐白石迟疑地从右手边笔堆中拿起一支笔，注视好一会儿，说道："……抓紧了，不要掉下来。"这与当年沈从文对汪曾祺的教诲异曲同工。年轻的汪曾祺找不到工作，与家人在战火中离散，一度产生轻生的念头。恩师沈从文回信说道："你手中有一支笔，怕什么！"笔，一匹自由的骑乘，一个生命的支点。在艺术的殿堂里，绘画、音乐与写作的共同之处在于，走向更辽阔的孤独。

提到陆志庠，黄永玉评价他是个流落他乡的孤独的"少数民族"："画家其实是种少数民族，独特的脾气、思维法则、生活与宗教习惯、工作方式，向来为人另眼相看。"痛定思痛，试问当下的艺术家有多少孤独者？有一段令我醍醐灌顶的话足以说明这个问题："一个作家归根结底是要出东西，出结实、有品位的东西。文章横空出世，不从流俗，敢于路见不平拔刀相助，闲事管得舒坦，是非晴明，倒是顾不上辈分和资格了。"（黄永玉，《黄裳浅识》）

4

通过黄永玉生前与友人的交往经历，我们可以看到他的幽默、风趣、率真。当年漫画家黄苗子、郁风夫妇居住在北京东单观音寺，黄永玉经常跑去借书。"他们有许多好书和画册，毫不迟疑地任我借走，还了借，借了还。我们见面，百分之百的画和书的趣味。世界可爱极了。"所谓"画和书的趣味"，乃是最高级的趣味，也是一味中药，治疗满身伤痕的同时，疗愈被禁锢的心灵。黄苗子听闻黄永玉要重刻一套《水浒传》人物，立马拿出自己珍藏的宋朝的笔记卡片供他参考，"借来的卡片认真抄了，也恭敬地奉还了，多谢了。木刻板两百块也备齐了，自己也学着读一些宋人史料。后来木板给人搬光……"黄苗子的慷慨大义让他终生难忘，很好地消弭了他心底的痛楚："我这种在江湖长大的人不容气馁，怄气的事从不过夜！"由此，我读懂了他这个"偏方"的力道和后劲，精神的枝丫野蛮生长，根柢在于敦厚善良和百折不挠的心。

《这些忧郁的碎屑——回忆从文表叔》一书，是我看到的为数不多的纪念沈从文先生的作品之一。没有一味地赞颂，没有刻板地追忆，他以故事阐述故事，用人性烛照人性——弟弟、妹妹遭遇磨难，沈从文从未提及半字，黄永玉以"见证人"的身份呈现出来，读来让人不禁落泪。青年时代，黄永玉有个忘年交，是曾当过土匪的造枪铁匠，他请铁匠锻造过一支鸟枪，为此烫红了手指，他继而想到从文表叔内心的创伤："从文表叔仿佛从未有过弟弟妹妹。他内心承受着自己骨肉的故事重量比他写出的任何故事更富有悲剧性。他不提，我们也不敢提；眼见他捏着三个烧红的故事，哼都不哼一声。"于是，再去读沈从文的《边城》《长河》，再去看他晚年投身文物研究工作的经历，我不由得多了几分感同身受。所有的认识，都是自我认识，抑或归于重新认识自己，如黄永玉的内心独白："从文表叔和我的认识是扎扎实实用无数白天和黑夜的心跳、无数眼泪和汗水换来的，我们爱这个'认识'！值得！不后悔！"沈从文的那支金笔洞见人性，深掘灵魂的光芒。或许有人会说，黄永玉围绕的是那些照亮20世纪星空的大艺术家，其实不然。如果没有底层视角，很难如此深邃。他在《还有谁谁谁》一书里写到在家里做事多年的阿姨曹玉茹，很多客人因没有见过她的笑容，心生不解，谁能想到她是个有故事的人，饱尝过大苦难、大悲恸。丈夫在抗日战争中牺牲，双胞胎儿子被日军扔到河里，"阿姨当时回娘家，返家后一个人在潮白河边坐了三天"。苦难面前，每个人都殊途同归——黄家有难时，她挺身而出，被黄永玉的妻子张梅溪称作"家里的陀螺仪"。黄永玉善用留白，寥寥数语，就把曹玉茹的一生烘托而出："她懂得人生，她也笑，她笑得不浅薄，她有幽默的根底。"

黄永玉先生曾说："有朝一日告别世界的时候，我会说两个满意：一、有很多好心肠的朋友。二、自己是个勤奋的人。"他用勤奋渡人无数，化解众生疾苦。在我浅薄的认识里，像黄永玉和老友们这样的"偏方"实在太少。他们常读常新，一如簇新的柳条、清澈的泉水和啾啾的鸟鸣，帮助我们清洗伤口、疗愈心灵，获得勇往直前的力量。

# 唯有一二考古家：路大荒的四门塔情缘

路大荒先生的一生，与蒲松龄研究密不可分，其实很多人并不知道，他在文物保护、古籍善本抢救整理和考古发现方面，同样拥有卓越贡献。比如，齐长城遗址的确立、四门塔的抢救性修葺、长清孝堂山石室保护等。无论是蒲松龄研究还是其他方面，他的人格鉴照和气节风骨，永驻人间。

著名画家张鹤云曾将路大荒考察四门塔的情景画了一幅国画，并赋诗一首："昆嵛山前归暮鸦，胜迹犹存四门塔。蔓草荒烟凭吊者，唯有一二考古家。"这让人不禁想到路大荒主持维修四门塔的一些往事。

1950年，中华人民共和国成立初期，百废待兴，物资匮乏，路大荒被任命为山东省图书馆整理委员会主任委员、山东省图书馆副馆长、山东省古代文物管理委员会委员。给文物"体检"，困难并不比想象的少。可以说，做文物保护工作，没点"不入虎穴，焉得虎子"的决心，真的难以胜任。"敦煌守护神"常书鸿先生的书房里曾挂着一幅毛笔字:"人生是战斗的连接,每当一个困难被克服,另一个困难便会出现。人生就是困难的反复,但我更不会后退。我的青春不会再来,但不论遇到多大的困难,我一定要战斗到最后。"这何尝不是那一代文物工作者的共同心声呢!

路大荒先生也是这样,不讲条件,不惧困难,与工人们同吃同住,风餐露宿,不顾蚊虫叮咬,迎战恶劣天气。在四门塔旁边生火,打铁施工,围着塔身外墙增加三条铁箍,塔内用石柱顶住将要掉落的三角石梁,为以后全面修复四门塔奠定了良好的基础。与此同时,他对塔旁的古松台基和四门塔周边的龙虎塔,也做了维修保护。

2019年11月,山东省图书馆举行王献唐先生铜像揭幕仪式,同时,邀请嘉宾至金石保存所展厅参观"遐园清芬——鲁图先贤文献藏品展",这些展品中就有山东省人民政府文物管理委员会关于柳埠四门塔抢修情况报告的复写底稿,以及路大荒先生关于抢修四门塔情况的手稿。这两份珍贵的手稿,不约而同都写在废纸上——前者为日本侵华期间留下的办公用纸,后者是济南道院内部公告文章背面。这足以使我们想象到当年抢救性保护四门塔时的生活条件是多么艰苦,更别提工作人员的基本待遇了，抑或说，他们一心工作，甘愿吃苦，为国家做贡献。

文物保护工作，需要一代又一代人接力完成，路大荒先生的重要贡献不可磨灭，在今天依然熠熠发光。就像他的那枚印章"历劫不灭"，一语双关，不仅指四门塔在济南人的共同保护下走向永恒，同时也代表一种生生不息的民族精神：无论遇到什么磨难，都毫不动摇，愈挫愈勇。

或许，有人会问，路大荒先生是怎样与文物结缘的呢？

这要从他年轻时说起。路大荒，原名路鸿藻，字笠生，号大荒，淄川县菜园村人。当年，他在淄川教书，闲暇之时拜当地著名书画家毕柳村为师，学习绘画、文物鉴定、书画鉴赏等。淄川周围旧时属于齐国，地下文物丰富，农民在田间劳动时经常捡到封泥、陶片、瓦当、铜器等，这些实物有利于他进行文物鉴赏。他勤学好问，从古董商人那里学到古玩与古书的鉴定方法。中共一大代表邓恩铭的二叔黄泽沛，时任淄川县县长，他对路大荒非常赏识，语重心长地对他说："人的行为如黄河奔泻千里，决之东则东流，决之西则西流，若有约制则可流归大海，对前途事业好自为之。"这番话如同定心丸，坚定了路大荒研究蒲松龄的信心，也为他今后从事文物考古等工作奠定了基础。如他在《聊斋文稿》手稿跋文中所写："余以为辑先哲遗文,为后生之责,即不畏困难,下决心担起此项任务。"

学问,即人格;做学问,先做人。路大荒历尽坎坷,饱尝苦痛,却不移其志,不改初心。1938年,日伪开出优厚条件,对其封官加爵,他毅然拒绝,同时为转移文物字画和古籍善本费尽心思。后来,他一路逃到济南,在大明湖畔的小院里深居简出,坚决不任日伪职务,不与日伪来往。他在《闲居杂感》中写道:"菜不打油诗打油,日日看人荡轻舟。斧无余粟书满屋,破瓦残笺当金收。"据路大荒的儿子回忆,1940年他去济南与父亲生活了一段时间,父亲整日忙于鉴古董、画扇面、拾古书,屋里满地都是小佛。除此之外,早上去赶集,要么是山水沟大集,要么赴趵突泉旧书摊,赚些零碎银子,勉强维持生计。因为生活实在捉襟见肘,儿子不得不重回乡下。贫寒中见气节,路大荒一度拒绝日伪山东省伪省长唐仰杜的交往请求,不与其同流合污。如他在一幅墨梅扇面上题写道:"人比黄花瘦,李清照之句也。吾比黑花黑,又谁之句也?"在一幅红梅图上,他又写道:"丹心一片无他意,不画别花画国花。"一字一句中,流转出他的忠贞不贰。

风雨飘摇的年代，很多时候自身难保，但总有一些人挺身而出，甚至在风口浪尖上彳亍独行。路大荒的文物情结，源自他的家国情怀。当年，在表弟高梦周的资助下，他偕好友罗锦章到北平一游，并在琉璃厂旧书摊流连忘返。当看到国家文物落入敌人手中，他有感而发："名园风物动哀思，霜雪满天掩松枝。巍巍宫阙入银幕，苍苍松柏岁寒时。"与其说这是他的悲愤之情，更应视作民族气节的高高矗立。

无论是蒲学研究，还是文物保护，路大荒的严谨求实和清贫守介都是极其宝贵的精神财富。在蒲氏研究中，路大荒与胡适建立了密切交往关系。1931年，胡适先生在《辨伪举例——蒲松龄的生年考》中推翻了鲁迅先生关于蒲松龄生于1630年（卒于1715年，享年86岁）的论断，认定蒲松龄生于明崇祯十三年（1640年），享年76岁。后来，他在《〈醒世姻缘传〉考证》附录二《跋张元的柳泉蒲先生墓表》中回忆道："淄川的路大荒先生在蒲松龄的墓上寻得此碑，拓了一份寄给我，我拿来细校各种版本，知道路先生的拓本每行底下缺四个字，大概是埋在泥土中了。所以我请他把泥土挖开，再拓一份。路先生接到我的信，正当十二月寒冷的天气，他冒大风去挖土拓碑，'水可结冰，蜡墨都不能用；往返四次，才勉强拓成'。他的热心使我们今日得读此碑的全文，得知蒲松龄的事实，得解决许多校勘和考据的疑难，这是我最感激的。""最感激的"四个字，足以证明胡适对路大荒的由衷敬意。

文物鉴定家、著名画家石谷风与路大荒是忘年交，他曾经专程从北平到济南拜访路大荒，并向路大荒学习金石考古与书画鉴定知识。两人后来患难与共，拳拳真情，堪比黄金。石谷风还通过路大荒结识了很多书画家，如刘大同（号芝叟）、王讷（字墨仙）、关际颐（字友声）、黑元吉（字伯龙）、弥菊田等。逢周日，路大荒便与朋友们相约去大明湖的湖心小岛历下亭聚会，柳荷飘香，品茗畅谈，乐而忘归。

马瑞芳教授在《蒲松龄与历下》中写道："如果说，历下和淄川、宝应共同造就了'世界短篇小说之王'蒲松龄，应该不算牵强附会吧？"同样地，如果说，淄博与济南共同造就了"中国蒲学研究第一人"路大荒，也应名副其实。

在济南，有两个地方能够寻到路大荒的足迹：一处是秋柳园，另一处就是位于曲水亭街8号院的路大荒故居。1937年底，日寇攻陷路大荒老家淄川县城，路大荒把珍贵的藏书和撰写的关于蒲松龄的书稿转移到济南，并化名为路爱范，在秋柳园街深居简出，靠做家教为生。那个时候，曲水亭街书肆林立，热闹非凡，读书风气浓厚，比较著名的有芳润阁、彝古斋、鉴古斋、居家书铺等。路大荒结识了很多山左学人，游街购书，相邀痛饮，并与王献唐、栾调甫并称为"山左三杰"。每当搜书有意外收获，他必定与王献唐分享，王献唐直说："大荒网罗文献，望肆力搜采，有以饷我也。"路大荒曾搜得磁版张尔岐《蒿庵闲话》下册，与王献唐搜集的上册合璧，一时间成为书界佳话。有一次，路大荒在聚文斋里发现了一套《聊斋文集》，虽然大喜过望，但客居他乡，囊中羞涩，只好想方设法把它借阅回家，连夜在灯下进行抄录。1939年，路大荒的表弟高梦周把其在淄川博山藏的蒲氏遗书带到济南，他才又开始继续浩瀚的整理工作。路大荒爱书如命，把"蒲学"事业看得比生命还重。在王献唐的介绍下，他结识了上海世界书局的赵苕狂，《聊斋全集》顺利出版。后来，在众多好友的支持和帮助下，《蒲松龄集》由中华书局出版。这本书汇集了他的毕生心血，收集聊斋文稿120余万字。1951年，路大荒资助其大女儿买下曲水河畔的一处四合院后，即搬到曲水亭街与女儿同住，画家黄宾虹为之题名"曲水书巢"。路大荒在这里著书立说，度过后半生。

临终前，路大荒给家人交代道："我经二代兴亡事，认识到世乱知忠贞，疾风知劲草……对我的片纸只字都要好好保存，尤其是年谱，是我心血凝成的，你们更不能丢，日后随着时间的推移，遇有时机争取出版，还有重订的必要。"

曲水亭街是一处安详的所在，曲水书巢是一处心灵的港湾，它缓缓讲述着路大荒著书立说的酸甜苦辣，保护文物的惊心动魄，以及与文人志士交往的故事。

驻足在四门塔前，轻风不语，苍柏树叶拍着巴掌哗哗作响。转身之间，我才意识到，先生的只言片语闪烁着历史的光芒，蕴藉城市的精神，正从不朽走向另一个不朽。

# 责任与道义：九顶塔上的文人风骨

1963年，全国文物工作会议在西安召开，济南介绍了维修九顶塔的经验。梁思成看过九顶塔维修前后的资料，并两次听取汇报，对维修工程十分满意，在《文物》杂志上发表文章，高度评价了九顶塔的成功维修在古建筑维修中"做了第一等的工作"，并提出向山东的同志致敬，向山东的同志学习。

著名作家任远先生，就是这一荣誉背后的功臣之一。

任远（1928—2001年），原名任振荣，山东省章丘县（今济南市章丘区）党家镇付家村人。毕业后他从事新闻宣传报道工作，主持编辑报纸副刊。20世纪50年代，他活跃于济南文坛，与著名诗人孔孚、孙敬轩，著名文史学者徐北文被誉为"济南四才子"。1961年6月至1963年7月，国家经济困难，报社停止办刊，他被调到济南文化局任文艺科副科长。除了参与全市文艺工作的统筹策划外，他还参加了著名唐代建筑九顶塔的维修工作。

俗话说，"一分钱难倒英雄汉"，当时国家经济捉襟见肘，钱必须省着花，对于文物保护也是如此。当时，由于年久失修，九顶塔已经破败不堪：塔基和半截塔身被山上冲下来的淤土和乱石掩埋，塔身和八角多处残缺，塔檐坍塌，塔顶除了中心塔和一小塔尚存塔身，其余已坍塌不全。

中华人民共和国成立后不久，山东省政府即酝酿维修柳埠的文物古迹，省、市和历城县文化部门首先对四门塔和千佛崖进行了初步加固。1961年，国务院准备公布首批国家级重点文物保护单位，文化部文物局领导带领罗哲文等古建筑学家来济南视察，初步确定将四门塔列入首批国家级重点文物保护单位，并对九顶塔、龙虎塔、千佛崖等文物的重要价值予以肯定，积极支持省、市准备维修九顶塔的计划，并敦促尽快动工。于是，维修工作很快就被提上了日程。具体分工安排为：省文化和财政部门拨付维修经费，以市文化局为主要组织力量，从市、县文化局和市博物馆抽调工作人员，任命任远为办公室主任。同时，还征调几名技术骨干，从省、市住建局借调范征一、郑兴昌两位工程技术人员，从市建筑公司和房管局借调了十几位有经验的老工人和几名退休工人，组建了一支维修队伍。

任远先生曾袒露心声："对于某个地区，国家权威部门和那些大学者不可能，也没办法给予太具体的全面关注。所以，责任就落在当地文化人身上。你要求工人、农民专心关注不现实；你要求政府官员关注也有局限，文化部门的人不热心、不关注，无论从道义上、责任上讲都是一种失职。"

维修九顶塔，施工难度系数高。路程远、郊区环境差只是一部分原因，最关键的是要谨防二次破坏，每一步都要轻手轻脚，不能掉以轻心。施工之前，工人们先细心清理出被掩埋的塔身和塔基，认真进行测量与计算，取得旧塔的各项数据。然后，对维修前佛塔的总体状况和细节一一拍照，技术骨干根据旧塔情况，参照新旧资料和相近之塔的构造，绘制出九顶塔维修图纸，维修工程有了初步设想。

当发现九顶塔九个小塔的塔刹已经没有实物可查时，经过上级领导批准，任远带领范征一、郑兴昌进京找专家请教。他们通过文化部文物局的工作人员联系上著名古建筑学家、清华大学教授梁思成先生，请他出面帮忙审定图纸。梁思成在北京西郊建筑科学院接待了任远一行，并与刘敦桢教授一起听取了他们的汇报，看了带去的照片和图纸，现场商量维修对策。梁思成具体阐述了他对整修古建筑一以贯之的"整旧如旧"主张。梁思成工作繁忙，本来约定好的20分钟见面时间，不知不觉谈了近两个小时，任远深受感动和启发。

1962年，一场别开生面的维修工程在济南荒郊野外展开。那个时候，交通不便，条件有限，从济南其他地方运输建筑材料，先用汽车运到灵鹫山下，再雇民工从山下挑到工地上，遇到特大暴雨天气，施工环境更加危险。最烦琐的环节还是修补：当古旧砖运到工地，工人根据塔身、塔顶、小塔的独特构造，对每块砖先砍后磨，逐块加工，再在工地上依次摆好，然后一块块修补到塔上。从早到晚，大山深处，叮叮当当的声音此起彼伏，就像一首孤独而轻盈的歌谣。这让我想起当年林徽因路过泰山时的心境，"记得那天，心同一条长河，让黄昏来临，月一片挂在胸襟。如同这青黛山，今天，心是孤傲的屏障的一面；葱郁，不忘却晚霞，苍莽，却听脚下风起，来了夜"。

整个维修过程中，专家与技术人员、施工工人在工地同吃同住，有问题第一时间解决，保证工程质量。在大家的齐心努力下，历经半年多时间终于完工。古建筑"整旧如旧"的经验，受到省、市领导的一致好评。

维修古建筑要做到"整旧如旧"并不容易，需要耐心和审美意识。民间艺术工作者冯骥才有个经典比喻："建筑要保持历史原状，不要落地重建，坏牙可以修补，不要换一口假牙。"遭到破坏的古建筑，好比一口坏牙，修补坏牙和换成假牙之间的价值考量，关系着文物保护的灵魂——维修是保存历史，而不是摧毁历史。要知道，文物也是有血肉、有呼吸、有灵魂的生命体，它们承载历史的呢喃，见证文明的进步，氤氲古人的手泽。

任远先生治学严谨、忘我奉献的精神，始终如一。1949年，他在《新民主报》上发表《一个中学生的日记》，从此与文学结下一生的缘分，也开始了他的编辑生涯，从《青年文化报》到《济南日报》，从《泉城》到《当代小说》，一干就是 45 年，亲手编发和签发的稿件字数至少在 5000 万字以上。徐北文在为任远的散文集《山水情》作序时如是写道："静轩豪放，孔孚热烈，我则是个跅弛不羁的人，只有任远'温良恭俭让'。四个人游山逛水，品茗纵谈，因三个人都是外铄，只有一个内敛，我们仍然被目为自由放任的少年气盛的一伙。""温良恭俭让"，五个字概括出任远先生的品格。

后来，当读到任远先生的儿子任建新整理出版的亲情书信集《无法寄出的爱与孤独》时，我不禁潸然泪下。任远先生的老伴梁玉洁女士回忆道："我永远忘不了你每篇文章定稿后，你念我为你抄写的情景，我感到那是一种享受，是一种别样的幸福。因此你每次写一篇文章，我都不止一次地问你写完了没有？抄不抄写？好像从心中渴望坐在你面前，一边听你朗读，一边欣赏文中描述的美景和佳句，同时用笔将它记录下来。"读到这里，我能想象到任远先生点灯熬夜写文章、改稿件的安静场景，也能想象到为了考证史料，他每到周末或节假日背起水壶、带上干粮、爬山过河、寻觅南山、搜集物证的动人场景。在他的眼中，龙洞、柳埠、灵岩、黄石崖，就像自然的合金，散发出迷人之光，拥有探究不尽的精神魅力。

任远先生治学严谨，从另一件事中也可以看出。1935年7月1日，鲁迅先生创作杂文《靠天吃饭》，批判宿命与惰性。任远先生指出："'靠天吃饭说'，是我们中国的国宝。清朝中叶就有《靠天吃饭图》碑。"这块碑就是由清代工匠济南人魏祥根据从山西五台山带回的《靠天吃饭图》碑拓片自刻的"靠天吃饭"碑，该碑曾立于大明湖畔铁公祠内，后来丢失。任远先生在《鲁迅与"靠天吃饭"碑》一文中盛赞魏祥的功绩，并表示"济南名士多"，魏祥应位列其中。

魏祥，字致和，先世自章丘迁至历城。他自幼家境贫寒，没钱上学，靠下苦力做泥瓦匠养活母亲，但他善于思考，十多岁时苦学建筑技术，掌握了一手高超技艺。据道光年间《济南府志》记载，魏祥在施工中，"艺杰构巧，运以精思，遂成伟工"。魏祥主持和领导的工程有县学宫、魁星楼、文昌阁、城隍庙等。

"出佛出道，亦马亦牛，何须千手千眼，抟虚宇宙。"诗人孔孚在《题己》一诗中的心灵独语，用在任远先生身上同样适合。任远先生执笔从文，赓续文化薪火，把一个个精神世界照亮，同时又用诗意画笔描摹泉城大地，他的满腔热爱是深厚的，也是不朽的。他的诗意邀请，今天依然在耳畔回响："在济南，您尽情欣赏举世闻名的泉水之美，大概不会想到：在泉城之郊，还有古代高度发达的佛教文化，给我们留下辉煌的建筑、石刻等艺术杰作，以及幽雅动人的自然景色吧？您如果有兴趣，就去济南南郊约三十五公里处的古镇柳埠，游览一下神通寺遗址，看看四门塔、龙虎塔、九顶塔，欣赏一下千佛崖的石窟造像，领略一下那清新、别致的自然风光吧。"

## 仰望过四门塔星空的考古人

在四门塔游览时，经常会遇见成群结队的山东大学考古专业的研究生，他们背着双肩包，穿梭在寺院的塔林和碑刻之间，或定睛欣赏，或认真拍照。我曾看到一位背包学生，半蹲在墓塔前，在本子上唰唰唰抄写着什么，不时地抬头思考，那出神的样子令人难以忘怀。有一次，我与山大考古专业的一位男生攀谈，得知他们是带领来自台湾进行文化交流的学生一行前来四门塔参观，台湾学生不住地啧啧赞叹，引得很多游客围观。

考古学家郑岩先生曾参与龙虎塔和小龙虎塔的考古测绘和文化保护工作。四门塔寺前院后，苍柏翠竹之间，留下了他劳作的足迹和探索的心路。郑岩，祖籍山东安丘，曾就读于山东大学历史系考古专业、中国社会科学院研究生院考古系，后在山东博物馆工作数十年，曾任副馆长，现任中央美术学院教授、博士生导师。他与女儿郑琹共同创作了《年方六千：文物的故事》，我因此书第一次认识了他。这本书图文并茂，仰韶文化时期的人面鱼纹彩陶盆、西周的何尊、西汉的长信宫灯、东汉的陶击鼓说唱俑等，让我爱不释手。后来，我又读了很多考古学与美术史方面的图书，对他有了进一步的认识。

1993年冬天，山东省文物科技保护中心联合中央美术学院美术史系对古代建筑和佛教遗迹开展调查，郑岩和恩师刘敦愿的儿子刘善沂共同参与了神通寺的勘查工作。20多年前，四门塔周围的环境和条件非常恶劣，他们主要负责对唐代龙虎塔做测绘图，以为遗址内文物的保护维修编制方案。当时正值冬天，那年的第一场雪来得格外早，大雪封山，交通闭塞，郑岩和刘善沂便住在历城柳埠当地老乡家里。有人戏称，干考古的人要比普通人黑三度，过"吃苦关"是首要考验，夏天晒得蜕皮，冬天冻得发抖，这样的形容毫不夸张。山坳里的风又冷又硬，再加上是山阴，下午两点左右才有一点光线照射进来。室内没有取暖炉子，最高温度仅有2°C，每天早上不得不打破脸盆里的冰洗脸，握笔绘图的手指红肿难以屈伸，整个人就像被寒风裹挟进入"速冻"模式。

当地文物部门请来一位老乡，在龙虎塔四面用圆木搭建了一个简单的脚手架。他们先在室外画测绘草稿，因天气寒冷不时停下来，呵一团白气，搓搓手，跺跺脚，继续画。等回到室内再绘出正式的铅笔图。他们运用多种方法绘制雕刻大样图，由于容身空间狭小，遇到比较有难度的基座与门中的雕刻，只好利用垂直拍摄的照片，将其按比例放大后再描稿，然后再反复核对实物进行补充和校正，还要特别注意照片中没有反映出来的线条。为了赶进度，他们甚至省去中午这顿饭。他们工作的场景在外人看来有些"搞怪"：此前刘善沂在汶上做测绘时摔伤的手臂还未痊愈，担心再次发生意外，他们在腰间各系上一根草绳，草绳另一端绑在脚手架上，姿势看上去非常怪异。两人爬上爬下，细细地看，慢慢地画，一点一点地测绘，总共画了30多张图纸。从1993年11月9日到12月20日，经过一个多月的野外工作和半个多月的室内整理，他们终于完成了任务。

这些图纸，后来被收录到两人编著出版的《山东佛教史迹——神通寺、龙虎塔与小龙虎塔》。事后回忆起这段经历，郑岩感慨万分地写道："想到一千多年以来，几乎再没有人能有机会像我们那样近距离地、仔仔细细地抚摸端详这些伟大的艺术创造，我们就禁不住热血沸腾！在我二十几岁时，能有这样的经历,实在是人生的大幸!"

那一年,郑岩 27 岁。

郑岩和刘善沂一定仰望过四门塔的繁星和明月,目睹过神通寺遗址上最黑的夜空;他们也一定欣赏过被雪花装点一新的龙虎塔与小龙虎塔,就在他们或高处测绘或低头画图的时候,已经浑然不觉地进驻到那段历史。短暂的浸润是永恒,也是幸福。倘若写一部昔日四门塔的"十二时辰",他们一定是最美的"守夜人"。正如郑岩先生的内心独白,"我大学时代曾梦想成为一名满身尘土的考古学家,献身于平凡而神圣的田野工作,十几年后却成了一名教书匠,距离少年时的梦想越来越远。然而,当年野外发掘和调查的生活却常常出现在我的梦境中。田野考古工作的现场,无论在时间感还是空间感上,都远比书斋内的世界更加广大,自然会时时激发出人们种种情感和联想,这是这种工作特有的魅力。但是,作为一个合格的田野工作者,首先的任务是尽量客观地将所获得的第一手材料公布于众,供普天之下的同行和相关人士进行研究"。在他的生命轨迹中,山大考古、中科院考古、山东博物馆工作、国外留学等经历都很重要,但是,当年他参与四门塔勘查测绘工作,更是不可替代的宝贵经历和精神财富，为他之后的科研探索和考古发现打下了很好的基础，同时也为其开展田野考古作了有益的铺垫。

相隔一年，1994年，郑岩又参加了山东沂南北寨东汉墓的第二次发掘。因为二人经验丰富——郑岩在山东博物馆工作时就接受过田野工作的风雨历练，而刘善沂在聊城地区博物馆工作时曾接触过与之风格相近的阳谷关庄天宝十三年大明造塔，所以在测绘方面得心应手，再加上兴趣浓厚，用一个词语形容就是欲罢不能。无论绘画、彩塑、剪纸、蛋雕，还是考古，兴趣都是最好的老师，郑岩一发不可收拾，对小塔上了瘾。两年后，他与广州美术学院教授李清泉相约，专程去了河南，考察了很多同样的小塔，就是为了与山东的龙虎塔进行比较研究。近年来，他前往美国的一些博物馆参观，收藏了不少民间小塔的残石，共搜集到40余座小塔的残石，都明显与龙虎塔有着密切关系，他把这些小塔统一称为"小龙虎塔"。

关于考古专业，我是个"门外汉"。但是，我深谙文物也是有生命、有感情的，文物背后站立的人，也是有血有肉、有尊严的，很多时候我们忽略了文物背后的个体尊严与灵性。因此，考古这项伟大的事业看似冷冰冰，但其实充满温情。

郑岩先生属于跨界考古人，考古事业不只是他的梦想，更是他的一种信仰。年幼时，他受父亲的影响，爱上绘画，但是，填报志愿的时候，父亲强烈反对他报绘画专业，他画画的梦想就这样破碎了。后来郑岩顺利考入山东大学，师从刘敦愿教授。刘敦愿先生既是一位考古学家，也是一位美术史学家，被顾颉刚称作"美术史非常重要的人"。他一路摸索，以西方古典艺术史为参照体系，建立了中国古典艺术史的精神系统，成为中国美术考古的拓荒者。老师的学术精神基因，在耳濡目染中浸润到郑岩的骨血和心灵中，他的独立思考和执着精神令人敬佩。其中，有一处细节令我印象深刻。1997年2月，郑岩前去美国拜访建筑家林徽因的好友、年过九旬的费慰梅，那个时候她的丈夫费正清已经去世五年了。郑岩特意买了一本费正清所写的《中国新史》，请费慰梅在书的内页上签名。费慰梅缓缓写道："为了了解美国，他先研究了中国。"然后又送给郑岩一本自己最新出版的关于梁思成和林徽因的传记。费慰梅健谈、慈爱、精细、认真，与郑岩回忆起到山东看汉代遗址、墓葬、石刻等经历。我们知道，费慰梅有一个非常重要的贡献就是较早地尝试复原山东嘉祥东汉武氏祠。事后，郑岩说道："我面对一个90多岁的老人，感觉她就是一部历史。"郑岩成为费慰梅去世之前见过的最后一位中国学者。

今天，越来越多的游客去参观四门塔，有些文史爱好者甚至利用业余时间对四门塔历史进行考证，在一次又一次回望或甄别中织补历史的细节，找寻真相。这个过程本身也是参与历史现场——抑或是与文物对话，继而在情感中水乳交融的过程，最终，我们也成为历史肌理的一部分。

"诗比历史真实，艺术离人心更近。"郑岩自称"椅子中的考古学家"，他从容地行走在博物馆与象牙塔之间，为我们缓缓讲述文物里的有趣故事。他当年在四门塔停留过的42个日日夜夜，看过的塔檐上悬挂的星星，走过的月光朦胧的寺院小径，踏过的梵音滚落的雪地，这些，将会永远地镌刻在这片充满神秘的大地上，在岁月轮回中成为济南一道独特的风景。

# 后记

## 遇见四门塔，遇见生命里的高贵

这是一趟难忘的文物之旅，这是一场生命的隔空对话，这是一次审美的自我重构。

我出生在济南，长在泉水边，在高校家属大院里度过最好的时光。我曾说过，要让家乡济南在我的笔下生动一次，于是便有了人生的第二本著作——《泉畔的眺望》。新书座谈会上，我说道："脉脉泉水情，点滴不敢忘。我受过的最好的教育就来自那些泉水，来自护城河和老街巷。"是的，我对这座城市和生活在这里的父老乡亲感情笃深，从笔端流淌出的爱不及血液里涌动着的千分之一。

庚子年春，我与这座城市再次会晤——以文物的名义，讲述济南故事。对我来说，四门塔既是熟悉的，又是陌生的。当年父亲在南部山区打工，我经常去那里玩，因而对南山的风物产生了深厚的感情。青山，绿水，古塔，苍柏，竹林，山泉，清风，烟岚，在大山里待久了，愈发觉得大自然的美是那么令人向往，愈发对生活多了些眷恋，多了些感恩。说它是陌生的，是因为当我真正走进它的内部细节和精神肌理时，才发现它远比我们想象的要深邃和宽广。我们对它实在了解得太少，也做得太少。

我不由得想起唐代诗人李商隐的诗句："星沉海底当窗见，雨过河源隔座看。"窗外，星沉河底；千米之外，寺寂如水。一个人的孤独凝视，亦是与整个宇宙的地老天荒。然而，岁月流转，四季更替，古物也会与大地一起白了头。这正是精神的生生不息，正是文化的"美美与共"。

翻阅《水经注》《山东通志》《济南府志》《济南金石录》《齐乘》《历城县志》《泰山志》等古籍史书，关于四门塔的历史资料实在太少，很多版本不尽相同，只言片语难以穷究，这反而激发了我考证和发掘的兴趣。像一个充满好奇心的孩童，我一次又一次开启寻"宝"之旅，乐此不疲。

那段时间，我抛开所有生活琐事，全身心沉浸在四门塔的瑰丽世界中，寻找、探索、凝视，从与朗公和尚做朋友开始，我锁定了他的"朋友圈"，追寻他和他的小伙伴们的奋斗足迹。我像个胆大心细的"闯入者"，聆听四门塔这片土地上发生的故事。林林总总的古物本身就会张口说话，龙虎塔、小龙虎塔、千佛崖摩崖造像、墓塔林、唐代台基，它们不疾不徐地说。我呢？时而听得入了神，好多天绕不出来，时而又走了神，跑去欣赏别的古物，抑或是废寝忘食埋首于书海中，如《中国佛塔史》《图说中国佛教建筑》《济南神通寺》《四门塔阿閦佛与山东佛像艺术研究》《山东佛教史迹——神通寺、龙虎塔与小龙虎塔》，等等。总之，这个过程令人着迷，使我品出了种种大美——值得为之歌哭，值得大写特写的生命之美，那种美自带光芒，那种美让所有形容词失去颜色，让我看到了自身的局限和渺小。而与四门塔情感牵系的那些人——著名建筑学家梁思成、林徽因夫妇，山东大学美术考古专业刘凤君教授，考古学家郑岩与刘善沂等，他们都让我由衷地敬佩。

就在我给出版社交付书稿的第二天，收到刘凤君教授寄来的《刘凤君与美术考古和骨刻文》一书，打开这本厚重的大书，内页上的推荐语闯入我的眼帘："刘凤君'在他自己眼中，美术考古、佛头回归、骨刻文这三件大事，其实是一条轨迹，一颗包裹着自信、真诚与倔强之下的，把学问做好、把事情干成的心。'"（见2017年夏季号《山东北大人》封面编者语）我惊叹于他的学术造诣和书法风骨，我感动于他骨子里的家国情怀。是啊，没有一颗倔强而虔诚的心，是不会钻研学问四十载的，也不会历尽艰难坚持促成阿閦佛被盗佛头"回家"这一事件的。

一个人与一尊佛像、一座城市的情感交集,最终会载入历史,走向未来。

遇见四门塔,遇见生命的高贵,遇见芸芸众生,这是我们共同的修行功课。希望读者读完这本书后能真正爱上四门塔,经常走近它、了解它、保护它,就像爱护自己的生命一样。

谁能想到,一个人与古塔的缘分如此奇妙。因为种种原因,这部书稿沉淀了四年,历经生活的考验,我的灵魂也在不断壮大。

2023年4月底,我去山东省美术馆参观"共生世界——2022济南国际双年展"。关于济南四门塔的两组作品令我眼前一亮。本土艺术家顾黎明创作的四门塔很是抽象,一共两幅,一幅为圆形,另一幅为方形,他采用布面油彩、丙烯、宣纸、拼贴等构图方式,用黑色、珍珠色、白色体现四门塔的朴素。他借助这座隋代佛塔的四个正位朝向,从方圆构造元素中凝练出视觉语言。我当时没有看懂,回来后再度温习,愈发喜欢那幅圆形作品,画中人的头像,像极了佛像,抑或阴阳之道,循环往复,于是便有了精神的方位感,这样一来,古塔的意境就出来了,作者的情怀就显现了——以古塔为艺术语言,阐述人类的精神诉求。另一组展品是柯佳敏的"迷·城"系列,她独具匠心地制作了两栋地标性建筑——

四门塔和济南绿地中心，一老一新，见证千年古城的前世今生。相比之下，柯佳敏的作品更具象，顾黎明的作品更深邃，他们用艺术语言讲述济南故事，使人心灵洞开，带给我全新的艺术审美。

文学家木心说过："至于我自己，我仍然遵循福楼拜的忠告：呈现艺术，退隐艺术家。"呈现与退隐，是艺术家的必修课，通过作品把自己隐身，将个人经历转化为艺术经验，且在超越现实中得以升华。同样地，古塔也是匠人们的作品或禅语，也有他们的呈现与退隐。我们仰望四门塔，肉眼看不到的地方或许才是灵魂洞开的起点。

这本书注定承载太多目光，将会继续向上生长。感谢著名作家赵德发亲自作序；著名文学评论家、《人民文学》主编施战军，著名作家侯林、逄春阶、魏新倾力推荐，这是我文学路上的前行动力。本书创作期间，很多师友以及济南市文物保护利用中心提供了相关史料，在此表示最衷心的感谢！全书难免有疏忽或不当之处，欢迎大家批评和指正。

2023 年 6 月 3 日深夜<br>钟倩于济南

# 附录：四门塔维修保护大事记

**1936年：**梁思成、林徽因夫妇结伴考察山东四门塔，现场进行测绘、勘探、拍照。

**1953年：**山东省文物管理委员会对已经破败的四门塔进行基础性的维修，由路大荒先生主持。当地民工在塔体外面打三道铁箍，加固开裂的三角梁，封堵东、南、西三方门。这是千年以来四门塔有记载的第一次修缮工作。

**1956年：**四门塔被列入山东省第一批文物古迹保护单位名单。

**1961年：**四门塔被国务院公布为第一批全国重点文物保护单位。

**1963年：**成立四门塔文物保管所；刘希曾、任远主持维修工作，王建浩、王宴仁、张义厚、朱玉章、郑兴昌、张汉云为主要负责人，范征一担任技术人员，组织当地三个大队的民工对四门塔、龙虎塔、挡土墙、小接待室进行维修。

**1965年：**刘希曾、郑亦桥、王建浩、张汉云、张义厚组织相关人员维修和保护塔林。

**1971—1973年：** 中华人民共和国成立后实施的第一次大规模维修工程。曾仪、王建浩、张义厚、靳志超、李凤鸣、沙继忠、张立武、蒋宝庚、李富全、张甲仪、李廷为主要负责人，石根源、黄国康、范征一担任技术人员，组织当地三个大队的民工维修塔顶，在塔外围增建九米见方的挡土墙，塔基周围砌筑了护坡石，塔顶和塔室残损部分全部按照原尺寸更换了新石。施工过程中有两个重大发现：一是在塔心柱内发现舍利函和舍利。二是在塔顶一块石拱板上发现了"大业七年造"的刻字，由此确定四门塔的始建年代为隋代，解决了学术界多年来关于四门塔建造年代的争议。

**1975年：** 王建浩、范征一、黄国康、张义厚、李富全、李廷为主要负责人，范征一担任技术人员，组织当地三个大队的民工对龙虎塔进行维修保护。

**1975—1977年：** 李廷、孙宪贵为主要负责人，范征一担任技术人员，组织当地民工为千佛崖建挡土墙、整台基、加栏杆。

**1979年：** 赵延钧、刘桂生为主要负责人，黄国康担任技术人员，组织相关工作人员扶正墓塔。

1980年：由刘绍元、刘枫、王宴仁、赵延钧、何品三组成工程领导小组，王宣宗、黄国康担任技术人员，组织当地民工、济南市文化局古建筑队开展唐代台基维修工程，修复台基及台阶、游廊、凉亭。

1982年：王建浩、张化平为主要负责人，李正宾担任技术人员，组织当地民工对东、西凉亭进行维修。

1983年：范玉德、王建浩、张化平为主要负责人，李正宾担任技术人员，组织当地民工为龙虎塔、九顶松加装保护栏杆。

1983—1985年：孙恩勤、范玉德、王建浩、张化平、李正宾、刘庆光、韩学锋、李守泉为主要负责人，李正宾担任技术人员，组织当地民工实施千佛崖加固工程。

1985年：王宴仁、黄国康为主要负责人，黄国康担任技术人员，组织济南市文化局建筑公司维修四门塔上顶及罩砌台基上顶。

1987年：王建浩、张化平、李正宾为主要负责人，李正宾担任技术人员，组织当地民工实施千佛崖加固工程。

1988年：千佛崖造像（龙虎塔、九顶塔）被国务院公布为第三批全国重点文物保护单位。

**1991年：**四门塔文物保管所为主办单位，张化平、何庆亮、张华和、田乃生为主要负责人，张华和、田乃生担任技术人员，组织当地民工开展维修工程，在千佛崖内设铁栏杆，对造像隔离保护。

**1992年：**济南市文物处、四门塔文物保管所为主办单位，何庆亮、张华和、李守泉为主要负责人，李守泉担任技术人员，组织南山村村民实施保护神通寺遗址第一期围墙工程。

**1993年：**山东省文保中心为主办单位，常兴照、郑岩、党允国、何庆亮、张华和为主要负责人，常兴照、郑岩担任技术人员，组织山东省文保中心保护维修神通寺，并绘制九顶塔测绘图。

**1994年：**党允国、何庆亮、张华和为主要负责人，李正宾担任技术人员，组织南山村村民建山门、三孔桥。

**1996年：**党允国、何庆亮、张华和为主要负责人，何庆亮、张华和担任技术人员，组织当地村民对四门塔加固铁门，对文物库房加固防盗门。

**1997年：**6月，济南市历城区文化局、四门塔文物保管所为主办单位，刘继文、贾贵法、张华和担任技术人员，组织水利站维修组，对唐代台基加固罩。

**1997年：**济南市历城区文化局、四门塔文物保管所为主办单位，刘继文、贾贵法、张华和担任技术人员，组织南山村、上海村、柳埠供电站实施维修工程，建小唐塔保护亭、墓塔林值班室，为文物区通电，新安山门、电动门。

**1998年：**济南市历城区文化局、四门塔文物保管所为主办单位，刘继文、贾贵法、张华和担任技术人员，组织曲阜施工单位复制四门塔东向佛头，维修青龙亭、白虎亭。

**1999年：**济南市历城区政府、历城区文化局为主办单位，戴月、刘继文、张华和担任技术人员，组织曲阜、水利站、供电站施工单位建神通寺大殿，改公路打井机，建水池，电增容。

**1999年：**由山东省文物科技保护中心负责设计施工，在神通寺遗址前新建神通寺遗址博物馆。该组建筑为仿唐建筑，两进院，由山门、中殿、后殿和前后院的东西廊房组成，占地面积4000平方米，建筑面积1500平方米。

**2000年：**成立四门塔风景区管委会；济南市历城区政府、四门塔风景区管委会为主办单位，王钟、张立平、刘继文担任技术人员，组织鸿腾公司、柳埠村民等改造道路，绿化景区。

**2001年：**四门塔风景区管委会为主办单位，王钟、张立平、张兴国担任技术人员，组织南山村村民维修四门塔护坡、大石碾。

**2002年：**在台湾法鼓山佛教基金会圣严法师一行数十人的护送下，1997年塔内东侧被盗的阿閦佛佛首赠还四门塔，由济南市考古研究所工作人员进行修复，从此开启四门塔与台湾合作交流的新篇章。

**2003年：**四门塔风景区管委会为主办单位，路全新、刘继文、张兴国担任技术人员，组织南山村村民维修唐代台基长廊。

**2010年：**山东省文保中心编制《四门塔、唐代台基等建筑维修保护方案》。

**2011年：**《四门塔、唐代台基等建筑维修保护方案》获得国家文物局的正式批准。同时《四门塔保护规划》立项申请获得批准。同年11月通过政府采购的形式面向社会进行公开招标，最终确定山东省文物工程公司承接此次四门塔维修工程。

**2012年：**"华夏第一石塔"——四门塔古建筑文物修缮工程正式启动，这是四十年来首次大修，历时五个月的时间，解决塔顶渗漏、塔体裂隙等问题。

**2013年：** 经济南市考古研究所上报国家文物局批复后，神通寺遗址保护性勘探发掘工作于上半年开始启动，同年11月底完工。发掘工作取得预期效果，对于神通寺遗址的后期建筑布局、规模等有了比较系统的了解，为《神通寺遗址保护展示方案》的编制提供了参考依据。

**2013年：** 开展神通寺墓塔林环境整治、墓塔扶正及迎翠桥东侧危岩体加固工程。

**2014年：** 实施神通寺遗址护坡保护及周边环境综合整治工作，新建一处文物展示区，占地面积500余平方米。

**2015年：** 在全国、省、市文物局的共同关注下，四门塔内唐代遗留文物龙虎塔、千佛崖摩崖造像文物保护工作正式启动，文物古建测绘公司施工人员采用当时业内最先进的高科技设备赋能佛像修复工作。

**2015年：** 实施四门塔风景区安全防范工程，实现景区电子监控全覆盖，文物安全进一步得到有效保障。

**2017年：** 实施神通寺遗址碑刻扶正工程，对部分倾斜的塔身纠偏，解决了石塔构件风化、青砖及灰缝酥碱脱落等问题，针对部分石构件和石碑断缝开裂也进行了相应的技术处理。

**2017年：** 实施完成千佛崖岩体加固及环境整治工程，共打铆杆500米，使岩体得到有效加固，并对渗透严重的崖体做灌浆处理。此外，还对千佛崖周边环境进行整治，清理淤土，加固坡体，增修220立方米的挡水石墙，以阻挡落石、分流洪水。

**2017年：** 实施唐代台基保护维修工程，维修唐代台基连廊及亭子，更换破损木构件，并做油饰，拆除并重新铺设屋面瓦件和灰背，地面做防潮层，夯实，铺设地面砖。

**2018年：** 实施神通寺遗址保护工程，对损毁部位加固维修，封护裸露地面。

**2021年：** 原四门塔文物保管所并入济南市文物保护利用中心。